명화로 만나는 **예수님**

명화로 만나는 예수님

강규주 지음

기독교문서선교회

서로 사랑하여라.
내가 너희를 사랑한 것과 같이,
너희도 서로 사랑하여라.

요한복음 13:34

*이 책에 인용된 성경 구절은 대체로 아가페의 쉬운성경에 따랐습니다.

■ 머리말

우리들 곁으로 오신 예수님

예수님은 신앙의 대상으로 국한해서 바라보기에는 너무도 소중한 삶을 살았습니다. 일찍이 이 척박한 땅에 와서 사회와 이웃으로부터 버림받고 따돌림 받은 사람들 곁으로 다가가 그들의 고통과 아픔을 함께 나누면서 이 땅에 하나님 나라를 실현하기 위해 온몸으로 실천했습니다. 고통을 당하거나 천대받는 자에게로 스스럼없이 다가가 다함 없는 사랑을 베풀면서 이들의 가슴에 삶의 희망을 심어주었습니다. 또한 당대의 사회적 편견과 악습에 저항하면서 낡은 인간성을 버리고 새로운 인간성을 창조하여 온전히 새로운 삶을 살아갈 수 있도록 길을 열었습니다. 그러다가 끝내 수난을 당하고 십자가 참형으로 처참히 쓰러지면서도 무력한 것이 진실로 강한 것임을 몸소 보여 주었습니다.

　이러한 예수님의 삶의 모습은 시대를 초월하여 예술가들에게 깊은 경외심과 지울 수 없는 강한 영감을 불어넣었습니다. 시대마다 걸출한 화가들이 출현하여 그분의 삶의 모습을 재현하기 위해 혼신의 힘을 다해 자신의 깊은 예술혼을 불살랐습니다. 그리하여 성경의 글귀 속에 숨어 있던 예수님이 이들의 작품을 통해서 형상을 갖추고서 때로는 그지없이 부드럽고 자애로운 모습으로 때로는 고통에 못 이겨 일그러진 모습으로 우리들 눈앞에 나타났습니다.

  수많은 화가들의 노력에 의해 기독교 성화는 고딕 미술에서 초기 르네상스 시대로 옮아오면서 회화의 시대라 불릴 정도로 세련되고 숙성되어 갔습니다. 성화는 많은 사람들에게 예수님의 삶을 되비쳐주는 하나의 틀로 간주되었고, 화가들은 그들 나름의 개성과 화법으로 인간의 몸짓을 통해 그분의 메시지를 전달하면서 서양미술의 흐름을 주도해 나갔습니다.

  이 책은 한 시대를 이끈 화가들의 창조적인 열정이 넘치는 성화들을 한데 모아 예수님이 이 땅에 와서 진정 무슨 일을 했는지 그 행적을 다시 음미해 본 것입니다. 그분의 행적은 신약성경 중의 사복음서에 바탕을 두었으며, 그 행적을 보다 가깝고 친숙하게 살펴보기 위해서 회화 분야를 선택했습니다. 미술과 종교의 관계는 오랫동안 긴밀히 유지되어 왔기 때문에 건축이나 조각 등 미술의 여러 분야에서 그 흔적을 뚜렷이 남기고 있었습니다. 그러나 이 책에서는 보다 집중된 시각을 지니기 위해 회화적인 분야에 국한했습니다. 여기 수록된 성화는 그분의 행적을 분명히 보여주면서 동시에 예술적인 탁월성과 깊은 종교적 감동을 안겨주는 것을 기준으로 삼아 선별하였으며 특정 작가나 특정 시대에 편중되지 않도록 고려하였습니다. 특히 그분의 행적을 재현한 똑같은 주제의 뛰어난 작품들이 여럿이었으나 고심 끝에 나름대로 예술성을 우선으로 하여 선별하였습니다. 이렇게 선별된 작품으로 전체를 60개 항목으로 두고, 탄생과 복음 전파 그리고 수난과 부활의 네 파트로 묶으면서 연속적인 흐름을 갖도록 배열했습니다. 그리고 각 항목마다 작품 제작의 계기가 된 성경 구절을 밝혔으며, 아울러 성경 구절과 그림 감상에 대한 도움말을 함께 실었습니다.

  우리들은 이 세상에 와서 이제껏 한 번도 걸어 본 적이 없는 초행길을 걸어가고 있습니다. 이 길은 불행스럽게도 몹시도 캄캄하여 앞을 잘 내다볼 수 없어 때로는 험난하고 때로는 위태롭습니다. 이처럼 불안하고 험한 세상살이를 바람직하게 헤쳐 갈 수 있도록 예수님은 온전한 참사람의 모습으로 오셔서 우리들에게 소중한 삶의 모델이 되어 주시고 우리가 손을 뻗으면 언제나 반갑게 잡아주는 길잡이도 되어 주십니다.

한 편 한 편 예수님의 행적을 재현한 성화를 보노라면 우리는 숭고한 감동의 세계로 빠져들 뿐만 아니라 그분이 우리에게 얼마나 소중한 분인가를 다시금 깨닫게 해 줍니다. 아무쪼록 성화를 통해서 그분의 음성, 그분의 숨결, 그분의 손길을 보다 가까이 느끼면서 그분이 진정한 우리의 벗이자 동반자로서 지금도 우리들 곁에 함께 계심을 기뻐할 수 있다면 더없는 보람이겠습니다.

끝으로 이 원고를 살펴 보시고 흔쾌히 출판을 허락해 주신 CLC(기독교문서선교회) 박영호 사장님께 깊은 감사의 말씀을 드리며, 이 책이 출판 되기까지 노고를 아끼지 않으신 편집 관련 여러 분에게도 고마운 마음을 전하고 싶습니다. 항상 제 곁에서 가슴 넘치도록 사랑을 베풀어 주신 고모님 강순악 권사님께 마음을 모아 이 책을 바칩니다.

2011년 10월
지은이

• 머리말 – 우리들 곁으로 오신 예수님 / 5

제1부 이 땅에 오시다

1 탄생을 미리 알림 / 12
2 마리아와 요셉의 결혼 / 18
3 마굿간에서 태어나심 / 22
4 양치기들의 경배 / 26
5 성전에서 아기 예수를 바침 / 30
6 동방 박사의 경배 / 36
7 이집트로 피난감 / 40
8 성모자 / 44
9 성가족 / 50
10 비범한 소년 / 54
11 아버지를 도우는 소년 / 58

제2부 세상으로 나아가시다

12 세례자 요한의 전도 / 64
13 요한의 선포 / 68
14 세례를 받으심 / 72
15 광야에서 시험을 받으심 / 76
16 세상으로 나아가심 / 80
17 첫 제자들을 부르심 / 84
18 가나의 혼인 잔치 / 88
19 우물가의 여인 / 94
20 많은 병자를 고치심 / 98
21 세리 마태의 부르심 / 102
22 손 오그라든 병자를 고치심 / 106
23 산 위에서 복음을 전하심 / 110
24 시몬 집에서의 저녁 식사 / 114
25 풍랑을 잔잔케 하심 / 118
26 앞 못 보는 두 맹인을 고치심 / 122
27 빵 다섯 개와 물고기 두 마리 / 126
28 물 위를 걸으심 / 130
29 영광스러운 모습으로 변하심 / 134
30 간음하다 잡혀 온 여자 / 138
31 선한 사마리아 사람 / 142
32 잃어버린 한 마리의 양 / 146
33 방탕한 아들의 돌아옴 / 150
34 맹인이 맹인을 인도함 / 154
35 죽은 나사로를 살리심 / 158
36 하나님 나라는 어린이의 것 / 162
37 예루살렘으로 들어가심 / 166
38 성전에서 장사꾼을 내쫓으심 / 170
39 가이사의 것은 가이사에게 / 174
40 제자들의 발을 씻겨 주심 / 178
41 유다의 배신을 예고하심 / 182
42 제자들과의 마지막 저녁 식사 / 188

차례

제3부 수난 속으로

43 겟세마네 동산에서 기도하심 / 194
44 병사들에게 붙잡히심 / 198
45 베드로의 부인 / 202
46 십자가형을 받으심 / 206
47 채찍질을 당하심 / 210
48 골고다로 가는 길 / 214
49 십자가에 못 박히심 / 220
50 십자가에서 돌아가심 / 224
51 십자가에서 내려지심 / 230
52 피에타 / 236
53 무덤에 묻히심 / 242

제4부 죽음을 이기시다

54 다시 살아나심 / 248
55 막달라 마리아에게 나타나심 / 252
56 엠마오에서의 저녁 식사 / 256
57 호숫가에 나타나심 / 260
58 하늘 나라로 올라가심 / 264
59 최후의 심판 / 268
60 사랑하고 또 사랑하라 / 274

• 작가 소개 / 277
• 도판 목록 / 285

제1부

이 땅에 오시다

1. 탄생을 미리 알림

하나님께서 가브리엘 천사를 갈릴리 지방의 나사렛이라는 작은 마을로 보냈습니다. 천사는 요셉과 약혼한 사이인 처녀 마리아에게로 갔습니다. 천사가 마리아에게 말했습니다. "은혜를 입은 여인이여, 기뻐하여라. 하나님께서 당신과 함께하길 빈다." 마리아는 천사의 말을 듣고 너무나 놀라서 '이게 도대체 무슨 소리인가'하고 생각했습니다.

천사는 마리아에게 말했습니다. "마리아야, 두려워마라. 하나님께서 네게 은혜를 베푸신다. 보아라, 네가 아이를 임신하게 되어 아들을 낳을 것이다. 너는 그 이름을 '예수'라 하여라."

마리아가 천사에게 말했습니다. "나는 남자를 알지 못하는 처녀인데, 어떻게 이런 일이 있을 수 있겠습니까?"

천사가 마리아에게 대답했습니다. "성령이 네게 내려오시고 가장 높으신 분의 능력이 너를 감싸 주실 것이다. 태어날 아이는 거룩한 분, 하나님의 아들이라 불릴 것이다."

예수님을 우리 곁으로 보내 주신다고 미리 알려주다

지금부터 2천여 년 전 이스라엘에서 있었던 일입니다. 하나님의 사자인 천사가 그리 잘 알려지지도 않은 갈릴리 지방의 작은 시골 마을인 나사렛에서 평범하게 살아가는 마리아를 느닷없이 찾아와, 그녀는 하나님의 특별한 은총을 받아 아이를 임신하게 되고 태어날 아이는 누구와도 비교할 수 없는 거룩한

1-1. 수태고지 시모네 마르티니, 1333년, 나무판에 유채화, 피렌체 우피치 미술관 소장

분이라는 것을 미리 알려줍니다.

　그러나 요셉과 결혼을 약속한 마리아는 아직 남자를 알지 못하는 나이 십여 세밖에 안된 처녀였기에 천사가 들려준 말이 무척 놀랍고 한편으로는 난처했습니다. 그러나 천사의 말이 하나님에게서 온 것임을 알고 마리아는 의심과 두려움을 버리고 순순히 받아들였습니다.

　평범한 어린 처녀가 선택을 받아 이 세상의 구세주를 낳게 되었습니다. 천사가 들려주는 이 소식은 하나님의 거룩한 뜻을 우리들에게 보여주는 구체적인 사랑의 실천이었습니다. 하나님이 온 백성들에게 새 삶을 주시기 위해 예수님을 우리들 곁으로 보내주신다는 기쁜 소식이었습니다.

마르티니 – 수태고지
이 그림은 천사 가브리엘이 마리아에게 성령으로 임신하게 되리라는 소식을 듣고 마리아가 당혹해 하는 장면을 그린 14세기 이탈리아 화가 시모네 마르티니의 작품입니다.

　그는 14세기 이탈리아 피렌체 화파와 쌍벽을 이루던 시에나 화파의 중심작가로 활동하였습니다. 그는 우아하고 환상적인 형태와 빛나는 색채 그리고 놀라운 기교로 화폭에 서정성과 생명감을 한껏 불어넣었습니다.

　성경을 읽고 있던 마리아에게 느닷없이 하나님의 뜻을 전하려고 찾아온 천사 가브리엘이 인사를 하자, 마리아는 놀라 당황하는 표정으로 엉거주춤 몸을 뒤로 젖히고 오른손으로 망토를 여미며 혼란스런 표정으로 천사를 돌아보고 있습니다. 독특한 형태의 망토를 펄럭이며 하늘에서 막 내려온 천사 가브리엘은 무릎을 꿇고 말을 건네는 자세를 취하면서 오른손 검지손가락으로 성령을 암시하는 비둘기를 가리키고 있습니다. 그의 왼손은 구세주가 이 땅에 와서 누리게 될 평화를 나타내는 올리브 나뭇가지를 마리아에게 바치고 있습니다. 그리고 천사의 입에서 마리아에게로 "은총을 드높이 받은 이여, 기뻐하라. 주께서 함께 계신다"라는 글귀가 흘러나오고 있습니다. 천사와 마리아 사이에는 순결과 동정을 상징하는 백합꽃이 정교한 화병에 가득 꽂혀 있습니다. 위쪽의 둥근 장식 무늬 안에는 구약시대에 구세주가 인간으로 이 세상에 오실 것임을 예언한 두루마리를 들고 있는 예언자 이사야와 미가가 보입니다.

고딕 양식의 감성을 우아하게 드러내고 있는 이 그림은 공간감과 깊이를 느낄 수 없어도 빛나는 평면 위에 마리아의 당혹해 하는 표정, 가느다란 몸매에 흐르는 선율적인 곡선의 우아함, 두 인물의 서로 다른 옷 빛깔이 황금색 배경과 어울려 감미롭고 신비로운 세계를 연출하고 있습니다. 아울러 그림 전체가 섬세하고 서정적이면서 풍부한 상상력이 깃든 단아한 아름다움을 풍겨주고 있습니다. 그림의 구성과 메시지 전달이 뛰어난 이 작품은 같은 주제로 그린 여러 작품들 중에서도 최고의 걸작으로 손꼽히고 있습니다.

수도사 안젤리코 – 수태고지

이 그림은 천사 가브리엘이 마리아에게 임신하게 되리라는 소식을 전하자 마리아가 순순히 하나님의 뜻으로 받아들이는 장면을 소재로 삼은 15세기 이탈리아 화가 프라 안젤리코의 작품입니다.

도미니코 수도회의 수도사였던 프라 안젤리코는 수도사의 의무를 다하는 한편, 피렌체의 산마르코 수도원의 벽면에 뛰어난 프레스코화를 남겼습니다. 그는 수도사답게 면면이 이어온 중세 미술의 전통적 이념을 지키면서 표현 양식을 한 걸음 더 발전시켜 나갔습니다.

꽃과 아름다운 풍경 대신에 엄숙하고 장엄한 건축물 내부에 자리한 두 인물의 자세는 경건하면서 부드러움이 넘치고 있습니다. 붉은 색 옷에 남색 망토

1-2. **수태고지** 프라 안젤리코, 1430~32년, 나무판에 유채화, 마드리드 프라도 미술관 소장

를 걸친 마리아는 테라스에서 성경을 읽고 있다가 홀연히 나타난 천사를 보자 허리를 굽혀 인사를 합니다. 등에 날개를 단 천사 역시 마리아에게 정중하게 인사를 하고 있습니다. 가슴에 양팔을 포갠 마리아의 자세는 믿음과 순종을 뜻합니다.

천사가 도착하자, 빛의 근원인 하나님을 상징하는 손에서 쏟아지는 금빛 광선이 왼쪽에서 대각선으로 에덴 동산을 지나 마리아를 향하고 있습니다. 이 빛은 하나님이 마리아에게 대가 없는 사랑을 베푸는 은혜의 빛입니다. 이 빛을 타고 성령의 비둘기가 마리아를 향해 날아갑니다. 천사는 마리아가 하나님 아들의 어머니가 될 것임을 일러주고 있습니다.

화면 왼편에는 하나님의 말씀을 어겨 과일이 주렁주렁 달린 에덴 동산에서 가죽옷을 걸치고 쫓겨나는 아담과 하와의 불행한 모습이 보입니다. 붉은 옷을 입은 상반신의 천사는 이들의 갈 길을 안내하면서 냉혹하기보다는 격정스런 표정을 짓고 있습니다. 이들이 지은 죄로 말미암아 하나님에게서 멀어지고 악과 죽음의 구렁텅이로 떨어진 인간을 앞으로 마리아에게서 태어날 예수님에 의해 구원을 받게 되는 두 장면을 한 작품 속에 멋지게 결합해 놓았습니다.

그림 한가운데 서 있는 가느다란 기둥 위쪽에는 이 땅에 구세주가 올 것이라고 예언한 이사야가 천사와 마리아를 내려다보고 있습니다. 그 아래 기둥 머리에 앉아 있는 제비는 이때가 봄이라는 것과 이날부터 마리아의 새로운 삶이 시작된다는 것을 일러주고 있습니다.

꽃과 녹음으로 빛나는 낙원과 검소하지만 잘 정돈된 건물 내부를 배경으로 하여 두 인물이 만나는 모습을 풍부한 색채로 밝고 화려하게 표현해 놓아 화면 전체가 생동감이 흘러넘칠 뿐 아니라 구세주 탄생으로 인한 인류 구원의 희망을 낙천적으로 전해주고 있습니다.

2. 마리아와 요셉의 결혼

요셉은 몹시 마음이 혼란스러웠습니다. 결혼도 하기 전에 마리아가 임신한 사실을 알았기 때문이었습니다. 그는 착하고 의로운 사람이었으므로, 마리아에게 파혼을 알린 뒤 남 모르게 떠날 생각이었습니다. 그러던 어느날 저녁, 천사 가브리엘이 요셉의 꿈에 나타났습니다.
"다윗의 자손 요셉아, 마리아를 아내로 삼는 것을 두려워하지 마라. 마리아가 아기를 가진 것은 성령께서 하신 일이다. 마리아가 아들을 낳을 것인데, 이름을 예수라고 하여라. 그가 자기 백성을 죄에서 구원해 낼 것이다." 요셉은 잠에서 깬 후, 주의 천사가 명령한 대로 했습니다. 요셉은 마리아와 결혼했습니다.

하나님의 말씀에 순종하는 요셉의 의로움

요셉은 장인 출신으로 목수 일을 하였습니다. 그런 그에게 난감한 일이 일어난 것을 알고 마음이 몹시 혼란스러웠습니다. 결혼도 하기 전에 약혼녀인 마리아가 임신한 사실을 알았기 때문입니다. 그러나 그는 어질고 의로운 사람이었습니다. 그는 인간 관계를 충실히 하기 위해 먼저 하나님과의 관계에 충실하였습니다. 이러한 충실함은 하나님의 뜻에 순종함을 가리킵니다.

요셉은 꿈에 나타난 천사의 말을 하나님의 명령으로 믿고 그 명령대로 파혼보다는 마리아와의 결혼을 택했습니다. 그후 요셉은 마리아의 반려가 되어 하나님의 말씀에 순종하면서 자신을 하나님께 드리는 삶을 살았습니다.

2. **동정녀 마리아의 결혼식** 산티 라파엘로, 1504년 유채화, 밀라노 브레라 미술관 소장

라파엘로 - 동정녀 마리아의 결혼식

이 그림은 마리아와 요셉의 결혼식을 소재로 삼은 16세기 전성기 르네상스의 이탈리아 화가 산티 라파엘로의 작품입니다.

라파엘로는 르네상스의 전성기에 중심작가로 활약하면서 초상화에 뛰어난 재능을 발휘했습니다. 그의 그림세계는 실제의 세계보다 더 조화롭고 감미롭고 균형있는 또 다른 세계를 보여주었으며, 그가 남긴 작품은 오랜 세대에 걸쳐 완전함의 전형으로 받아들여졌습니다.

주례자인 사제가 신랑과 신부의 손목을 잡고서 신랑 요셉이 신부 마리아에게 결혼 반지를 끼워 주는 혼례 의식을 치르고 있습니다. 붉은 빛 옷에 푸른 외투를 걸친 마리아가 다소곳이 고개를 숙인 채 오른손을 앞으로 내밀자 전통 의식대로 맨발의 요셉이 조심스럽게 결혼 반지를 끼워줍니다.

신부 뒤에 서 있는 여성들은 마리아와 함께 자란 처녀들로서 결혼식의 증인들입니다. 신랑 뒤쪽의 남자들은 모두 마리아에게 청혼을 했던 구혼자들입니다. 전설에 따르면, 제사장들의 보살핌을 받으며 자란 마리아가 열두 살이 되던 해에 그녀의 배우자를 찾아주기 위해 요셉을 비롯한 구혼자 몇 사람을 선발하고 그들에게 마른 나뭇가지를 하나씩 주고서 그 나뭇가지에서 싹을 틔우는 사람에게 남편이 될 수 있는 자격을 주었습니다. 요셉만이 다른 경쟁자들을 제치고 기적적으로 마른 나뭇가지에 싹을 틔워 선택받은 사람이 되었습니다. 그림 속의 주인공은 멋진 노총각으로 등장하고 있습니다. 배경의 웅장한 성전은 당시 유행하던 돔 양식의 건축물로서 성전 중앙문 위에 '오르비노 출신의 라파엘로'라고 작가의 이름을 밝혀 놓았습니다.

이 그림은 좌우가 대칭이 되는 빼어난 원근법을 보여주고 있으며, 뒤쪽에 있는 웅장한 성전의 중앙문에 소실점을 두고 있습니다. 우뚝 솟은 건축물은 조화와 질서 그리고 균형을 드러내면서 신앙과 이성 간의 조화를 시사하고

앞 그림의 부분. 많은 구혼자 중에서 마른 나뭇가지에 꽃을 피워 마리아의 신랑이 될 자격을 얻은 요셉과는 달리, 꽃을 피우지 못해 화가 난 한 구혼자가 나뭇가지를 꺾으며 엄숙한 결혼식 분위기를 흐트리고 있다.

있습니다. 그리고 성전 앞의 광장과 전원 풍경 그리고 인물들의 배치와 같은 공간 구성은 명성에 걸맞게 독창적입니다. 앞쪽의 사제를 비롯한 여러 인물들의 표정은 다소 한결같습니다. 이러한 표정의 단조로움을 피하려고 구혼자 중의 한 사람이 화가 난 듯이 무릎으로 나뭇가지를 꺾는 모습을 재치있게 그려 넣어 엄숙한 의식으로 보일 뻔한 이 그림에 극적이면서 생동감을 불어넣고 있습니다.

3. 마구간에서 태어나심

> 모든 사람들이 호적을 등록하러 고향으로 가게 되었습니다. 요셉도 다윗 가문의 자손이었으므로 갈릴리 나사렛을 떠나 유대 지방에 있는 다윗의 마을로 갔습니다. 이 마을은 베들레헴이라고 불렸습니다.
> 그는 결혼한 마리아와 함께 호적을 등록하러 갔습니다. 마리아는 그때에 임신 중이었습니다. 이들이 베들레헴에 있는 동안 아기를 낳을 때가 되었습니다. 마리아는 마구간에서 첫 아들을 낳아 포대기에 싸서 구유에 눕혀 두었습니다. 그것은 여관에 이들이 들어갈 빈 방이 없었기 때문입니다.

험난한 세상 속으로 오시다

화려하고 장엄한 의식도 없이 예수님은 초라하고 가난한 모습으로 험난한 세상 한가운데서 태어났습니다. 예수님이 태어난 유대 나라는 유일신인 하나님을 믿고 유대교 전통을 지켜가며 사는 나라였습니다. 그러나 예수님 당시의 유대 나라 안팎은 몹시 어지러웠습니다.

유대 나라는 로마제국의 무력 지배 아래 주권을 잃고 식민지가 되어 있었습니다. 로마제국의 총독이 유대 나라를 통치하면서 강요된 충성과 부과된 세금 탓에 백성의 고통은 극심했습니다. 로마제국으로부터 왕으로 임명받은 헤롯은 로마제국의 눈치를 살피는 하수인 노릇을 하는 한편, 부패한 지배층과 손을 잡고 자신의 잇속을 챙겼습니다. 이로 말미암아 유대 종교는 내부에

3. **예수 그리스도의 탄생** 피에로 델라 프란체스카, 1450년경, 나무판에 유채화, 런던 국립회화관 소장

서 썩기 시작했고 권력과 성직을 차지하고 있던 지배층과 가난하고 헐벗은 백성 간에 서로 갈등을 일으키고, 백성들의 불만이 고조되고 있었습니다. 그러나 유대 백성은 어느 날엔가 민족적 메시아가 나타나 나라를 구원하리라는 간절한 소망을 마음속에 품고 고통을 견뎌 나갔습니다.

예수님은 이처럼 어지럽고 험난한 세상 속으로 우리와 하등 다를 바 없는 평범한 모습으로 우리들 곁으로 왔습니다. 그러나 그분은 하나님의 뜻에 따라 구원의 능력을 지니고 이 땅에 왔습니다. 그분의 오심은 어떠한 경우에도 하나님의 사람들을 버리지 않겠다는 하나님의 뜻을 구체적으로 우리에게 보여주는 사건이었습니다.

프란체스카 – 예수 그리스도의 탄생

이 그림은 천사의 축복을 받는 아기 예수의 탄생을 소재로 그린 15세기 이탈리아 화가 피에로 델라 프란체스카의 작품입니다.

그는 초기 르네상스의 대표적인 작가로서, 단조롭고 평면적이던 중세 미술의 전통에서 벗어나 원근법에 기초하여 화면에 깊이를 부여하고, 빛과 그림자를 이용하여 형태에 입체감을 드러내 줌으로써 당대에서보다 오늘날에 와서 한층 더 높은 평가를 받고 있습니다.

이 그림은 무대적인 공간에 인물의 극적인 배치가 두드러지며 정확하고 사실적인 인물의 묘사는 다소 거친 느낌을 줄지라도 정서적 엄숙함이 짙게 배어나고 있습니다. 무릎을 꿇고 두 손을 모아 경배하는 마리아 앞에 막 태어난 아기 예수가 마리아의 푸른 겉옷 위에 팔을 벌리고 누워 있습니다. 순진무구하게 알몸으로 누워 있는 아기 예수는 우리들 인간의 참모습을 숨김없이 보여주고 있습니다. 그 뒤편에는 르네상스 시대의 전형적인 옷을 걸친 다섯 천사들이 악기를 연주하면서 축복의 노래를 부르고 있습니다.

앞 그림의 부분. 날개 없는 다섯 천사가 일정 간격으로 서서 악기를 연주하면서 예수님의 탄생이 지상의 거룩한 기쁨이라는 축복의 노래를 부르고 있다.

    마리아 뒤편에는 당당한 자세로 안장에 앉은 요셉과 하늘을 가리키며 천사의 인도를 받았음을 알리는 양치기가 이 경건한 광경을 지켜보고 있습니다. 외양간에는 황소가 아기 예수를 지켜보고 있으며 당나귀는 어울리지 않게 머리를 들어 크게 울고 있습니다. 배경은 강이 굽이져 흐르는 전원 풍경과, 건물과 종탑이 보이는 도심의 풍경이 좌우로 펼쳐져 있습니다.

    중세 회화에서 사라졌던 풍경을 화폭에 과감히 등장시키고 각기 그룹을 이룬 인물들을 극적으로 배치하고 갈색 톤의 바탕색 위에 자유롭게 채색하여 공간에 깊이를 부여하면서 주제의 핵심을 감동적으로 나타내고 있습니다. 이러한 작가의 자유로운 화법은 당시로서는 무척 과감하여 근대적인 느낌을 물씬 풍겨 주고 있습니다.

4. 양치기들의 경배

그 근처 들판에서 양치기들이 밤에 양떼를 지키고 있었습니다. 주님의 천사가 갑자기 이들 앞에 나타났습니다. 주님의 영광이 이들을 둘러 비추자 이들은 몹시 두려워했습니다.
천사가 그들에게 말했습니다. "두려워 말라. 보아라, 모든 백성을 위한 큰 기쁨의 소식을 가지고 왔다. 오늘 다윗의 마을에 너희들을 위하여 구세주께서 태어나셨다. 그는 곧 그리스도이시다. 포대기에 싸여 구유에 누워 있는 아기를 볼 것인데, 이것이 너희에게 주는 증거이다."
이들은 서둘러 가서 마리아와 요셉 그리고 구유에 누인 아기를 보았습니다. 목자들이 확인하고 이 아이에 대하여 자기들이 들은 것을 그들에게 이야기해 주었습니다.

먼저 목동들에게 기쁜 소식을 전하다

예수님 당시의 농부들은 몹시 가난에 찌든 삶을 살았습니다. 인구의 대부분을 차지하는 농민들은 부과된 엄청난 세금을 견디지 못해 농사를 지을 땅을 잃고 소작인으로 혹은 노예 아닌 노예로 어려운 삶을 꾸려갔습니다. 주로 곡식을 거두는 일은 어른의 몫이었고 양떼를 길러 고기와 젖을 구하는 일은 자식의 몫이었습니다. 이들의 자식은 하루 종일 양떼를 돌보고 지키면서 풀과 물을 찾아 들판 여기저기를 옮겨 다녔습니다. 이들 자식들은 교육을 받지도

4. 양치기들의 경배 조르주 드 라 투르, 1644년, 유채화, 파리 루브르 박물관 소장

못하고 가족과 떨어져 외딴 들판에서 별을 보며 지냈습니다. 목동들은 자연히 배움의 기회를 갖지 못하여 뭇 사람들로부터 사람 구실 못한다고 따돌림을 받았습니다.

천사는 어느 누구보다 먼저 이같이 이름도 모르고 들판에서 외롭게 지내는 미천한 목동들에게 영예로운 예수 탄생의 기쁜 소식을 알렸습니다. 예수님은 곤경 속에서도 억척스럽게 살아가는 목동들의 벗이 되고 선한 목자가 되어 이들과 더불어 살려고 이 땅에 왔습니다.

라 투르 - 양치기들의 경배

이 그림은 양치기들이 아기 예수에게 경배하는 모습을 소재로 삼은 17세기 중반의 프랑스 화가 조르주 드 라 투르의 작품입니다.

그는 짙은 어둠과 강한 빛을 서로 대비시키면서 촛불의 친근함과 안온함으로 화면을 감싸 놀랍도록 개성적이고 독창적인 양식의 작품을 제작했습니다. 그러나 그의 작품은 당대에서보다는 근대에 와서 재발견되고 있습니다.

촛불에 의한 조명은 인물들을 강한 입체감으로 드러내고 있습니다. 어둠이 깔린 방 가운데에 다섯 인물과 어린 양이 잠든 아기 예수를 내려다보고 있습니다. 촛불에 비친 인물이 어둠 속에서 돋아납니다. 촛불을 든 아버지 요셉은 손으로 불꽃을 가리어 보지만, 빛은 오히려 배내옷에 감싸여 고이 잠든 아기 예수로부터 나오는 듯 주위가 환하게 밝습니다. 아기 예수가 이 세상에 빛으로 왔기 때문이겠지요.

요셉의 옆에 선 하녀는 양손으로 조심스럽게 우유 그릇을 받쳐 들고 있고, 그녀 옆으로 두 양치기가 아기 예수를 바라보고 있습니다. 천사가 일러준 대로 아기 예수에게 모자를 벗어 경배를 드릴 참입니다. 또 다른 양치기는 지팡이를 힘껏 쥐고서 구세주의 탄생을 보느라 표정이 사뭇 엄숙합니다. 두 양

앞 그림의 부분.
예수님의 희생을 암시하는 어린
양이 배내옷에 감싸여 고이 잠든
아기 예수에게 다가가
경배하고 있다.

치기를 따라온 어린 양은 잠든 아기 예수에게 바싹 다가서고 있습니다. 어린 양은 온 백성을 위해 죄없이 희생되는 예수님의 수난을 암시하고 있습니다. 주황색 옷을 입은 마리아는 몸 전체를 드러내고서 두 손을 모아 경배를 드리고 있습니다. 마리아는 이 아기로 말미암아 앞으로 자신의 삶에 어떤 고난이 닥쳐오더라도 견뎌 나가겠다는 듯이 다부진 표정을 짓고 있습니다.

미천한 양치기들이 아기 예수에게 경배하는 모습을 촛불이 자아내는 빛과 어둠으로 대비시켜 가난한 이들의 생활 속에 배어 있는 온화함과 경건함을 한껏 뿜어내고 있습니다.

5. 성전에서 아기 예수를 바침

모세 율법에 따라 정결 의식을 치르는 때가 되었습니다. 마리아와 요셉은 아기 예수를 하나님께 드리려고 예수살렘으로 데리고 올라갔습니다. 이것은 주님의 율법에 다음과 같이 기록되어 있기 때문입니다. "첫 번째 태어나는 모든 남자 아이는 하나님께 거룩한 자로 불릴 것이다."

예루살렘에 시므온이라는 한 사람이 있었습니다. 성령께서 시므온에게 주 그리스도를 보기 전에는 결코 죽지 않을 것이라는 계시를 주셨습니다. 시므온은 성령으로 충만해져서 성전으로 왔습니다. 마침 마리아와 요셉이 율법의 규정대로 행하기 위해 어린 예수님을 성전에 데리고 왔습니다. 시므온이 아이를 팔에 안고 하나님께 찬양했습니다.

또 여자 예언자가 있었습니다. 이 사람은 바누엘의 딸인 안나였습니다. 그녀는 나이가 많았습니다. 결혼하고 칠 년 동안을 남편과 살았는데 그후로 과부가 되어 팔십사 세가 되었습니다. 그동안 한 번도 성전을 떠나지 않고 밤낮으로 금식기도를 하며 하나님을 섬겼습니다. 바로 그때 그녀가 와서 하나님께 감사를 드리고, 예루살렘의 구원을 기다리는 사람들에게 이 아이에 대해 이야기하였습니다.

아기 예수의 정결 의식을 치르다

요셉과 마리아는 유대 전통과 유대 생활방식을 존중하며 살았습니다. 그래서 율법에 따라 예수님은 태어나서 8일만에 할례를 받았고 40일이 지난 다음

5-1. 아기 예수의 봉헌 암브로지오 로렌체티, 1342년, 유채화, 피렌체 우피치 미술관 소장

성전으로 가서 정결 의식을 치렀습니다.

아기 예수가 성전에 이르렀을 때 시므온이란 노인과 안나라는 노파를 만났습니다. 이들은 아기 예수를 보자 단번에 하나님이 보내주신 구세주임을 알아보고 몹시 기뻐했습니다. 이들은 깊은 신앙심으로 하나님이 언젠가는 구세주를 보내어 나라의 치욕을 씻고 다시금 유대 민족의 명예를 되찾아 주리라는 간절한 소망을 품고 있었습니다.

아기 예수는 부모의 믿음에 따라 유대 율법과 유대 관습을 익히면서 자랐습니다. 그러나 예수님의 참모습은 율법에서가 아니라 앞으로 그분이 행할 하나님과의 관계 아래에서 드러나게 됩니다.

로렌체티 – 아기 예수의 봉헌

이 그림은 아기 예수를 모세 율법대로 성전에 봉헌하는 모습을 소재로 삼은 14세기 이탈리아 화가 암브로지오 로렌체티의 작품입니다.

그는 그의 형과 더불어 시에나 화파를 이끌던 거장으로, 비사실적인 경향이 짙던 중세 고딕 회화를 뛰어넘어 자신의 창의적인 능력으로 한층 현실성이 가미된 작품을 제작했습니다.

이 그림은 아직 과학적인 원근법이 완숙되어 있지 않습니다. 측면의 수직선은 중앙의 소실점에서 벗어나 있고 중간의 아케이드들은 서로 끊겨 있습니다. 그러나 건축적인 공간 안에서 비대칭적으로 인물을 배치하여 인물들에게 엄숙함보다는 친근감을 나타내면서 현실성을 부여하고 있습니다.

화려한 아치형 제단 앞에 의식을 맡아 보고 있는 대제사장이 이스라엘을 구원할 메시아를 애타게 기다리고 있는 시므온을 바라봅니다. 마리아에게서 아기 예수를 건네받은 시므온은 주님을 내려다보며 경건한 표정을 짓고 있습니다. 시므온 옆에는 메시아의 도래를 예언한 복음서를 든 여자 예언자 안

앞 그림의 부분. 시므온이란 노인이 손가락을 빨고 있는 아기 예수를 안고서 애타게 기다리던 메시아임을 알아보고 기뻐하고 있고, 그 곁에는 메시아 도래의 예언서를 들고 있는 예언자 안나가 기대에 찬 눈길을 보내며 손가락으로 아기 예수를 가리키고 있다.

나가 손가락으로 아기 예수를 가리키며 예언의 진실성을 입증하고 있습니다. 왼쪽에는 두건을 쓴 마리아가 모정 어린 표정으로 포대기를 들고 있으며 맨 뒤에 선 요셉은 시므온 팔에 안겨 천진스레 손가락을 빨고 있는 아기 예수를 바라보고 있습니다.

하늘의 형상으로 건축된 성전의 아치 중앙에는 두 천사의 호위를 받는 그리스도를 그려 놓았으며, 성전의 돔 양쪽에 그리스도가 이 땅에 오시리라고 예언한 예언자 이사야와 미가의 모습을 그려 놓았습니다. 중세의 전통과 고딕식 사실주의를 결합시켜 찬란한 색채와 대리석의 세련된 장식, 그리고 사각형 무늬로 조성된 바닥의 대담한 공간 구성, 그리고 인물의 사실적이고 생생한 표정은 이 그림을 한층 밝고 생기 넘치게 하고 있습니다.

5-2. **아기 예수의 봉헌** 렘브란트 반 레인, 1631년, 유채화, 헤이그 모리트슈스 미술관

렘브란트 – 아기 예수의 봉헌

이 그림은 넓은 성전 안에서 두 노인이 아기 예수를 만나는 광경을 소재로 그린 17세기 네덜란드 화가 렘브란트 반 레인의 작품입니다.

그는 젊은 시절부터 인간의 마음을 꿰뚫어보는 듯한 깊은 통찰력으로 뛰어난 초상화를 제작, 초상화가로 명성을 떨쳤습니다. 그러나 그후로 파산 선고와 아내의 사망이라는 역경을 맞았으나 좌절하지 않고 불굴의 의지로 끊임없이 작품을 제작하였습니다. 그의 화법은 독특하여 빛과 어둠의 대비 효과로써 인물의 윤곽을 드러내면서 극적인 분위기를 고조시켜 바로크 회화를 최고조로 발전시킨 위대한 화가였습니다.

이 그림 또한 넓게 깔린 어둠 속에서 솟아나는 빛에 의해 인물들이 환영처럼 드러나고 있습니다. 빛에 의해 드러나는 밝음에 생생한 색채를 가하여 성경 이야기의 주제를 극적으로 묘사하고 있습니다.

어둠에 묻힌 높고 넓은 성전 안에서 엷은 빛이 인물 몇 사람을 드러내고 있습니다. 빛은 대제사장의 등에서 손등으로 흐르면서 아기 예수 주위에서 빛납니다. 의롭고 경건한 노인 시므온이 아기 예수를 팔에 안고 이 아기가 이스라엘의 영광을 되찾아 줄 분이라는 것을 알아보고 하나님께 감사드리고 있습니다. 그의 등 뒤로는 여자 예언자 안나가 감격하여 허리를 굽혀 아기 예수를 바라보고 있습니다. 축복을 내리는 대제사장의 손은 자연히 아기 예수에게로 눈길을 가져가게 하며, 어둠 속의 많은 인물들 또한 빛이 모인 아기 예수 쪽을 향하고 있습니다.

빛이 곧바로 비치는 직사의 명암법으로 어둠에 묻힐 뻔한 인물들을 극적으로 드러내면서 강렬하면서도 절제된 빛의 채색을 통해 경건하고도 깊은 종교적 정감을 불러일으키고 있습니다.

6. 동방 박사의 경배

동쪽 나라에서 몇 명의 박사들이 예루살렘으로 왔습니다. 그들은 이렇게 물었습니다. "유대인의 왕으로 태어나신 아기가 어디 계십니까? 우리는 동쪽에서 그 아기의 별을 보고, 아기에게 경배하러 왔습니다."
헤롯 왕은 이 소리를 듣고 깜짝 놀랐습니다. 헤롯은 모든 대제사장과 율법학자들을 불러모으고 그리스도가 어디서 태어날 것인지 물었습니다.
그들은 대답했습니다. "유대의 베들레헴이란 마을입니다."
그 소리를 듣고 헤롯은 박사들을 조용히 불렀습니다. 그리고 별이 처음 나타난 때를 알아냈습니다. 그리고 박사들을 베들레헴으로 보내면서 말했습니다. "가서 아기를 잘 찾아보시오. 아기를 찾으면 나에게도 알려주시오. 그러면 나도 가서 그 아기에게 경배하겠소." 박사들은 왕의 말을 듣고 출발했습니다. 그러자 동쪽 나라에서 보았던 바로 그 별이 박사들 앞에 나타나 그들을 안내해 주었습니다. 그러다가 아기가 있는 곳 위에서 멈추어 섰습니다. 그들은 아기가 있는 집에 들어가서 어머니 마리아와 함께 있는 아기를 보았습니다. 그들은 아기에게 무릎을 꿇고 경배를 드리고 보물함을 열어 아기에게 황금과 유향과 몰약을 예물로 드렸습니다.

먼 이방의 나라에서 찾아와 경배를 드리는 동방 박사 세 사람
동방 박사의 정체에 관해서는 확실하게 증명된 사실은 없습니다. 다만 점성술과 자연과학에 뛰어나면서 종교적인 영향력도 큰 고대 근동지방 출신의

6. **동방 박사의 경배** 한스 멤링, 1470년경, 나무판에 유채화, 마드리드 프라도 미술관 소장

사람으로 여겨집니다.

밤하늘에 반짝이는 별은 유대 나라뿐 아니라 이방의 나라에서도 찬란히 빛났습니다. 먼 이방의 나라에 사는 이들 동방 박사들은 아기 예수의 탄생 소식을 밤하늘의 별을 통해서 알게 되고 별의 인도를 받아 먼 길을 마다 않고 아기 예수를 찾아와 구세주로 경배하고 귀한 예물을 바쳤습니다. 이들의 경배는 우리들 곁으로 오신 예수님이 이방의 백성에게까지 하나님의 영광을 빛낼 소중한 분임을 상징적으로 일러주고 있습니다.

멤링 – 동방 박사의 경배

이 그림은 동방 박사 세 사람이 아기 예수에게 경배하는 모습을 소재로 삼은 15세기 플랑드르 화가 한스 멤링의 작품입니다.

그는 당시 플랑드르 회화의 새로운 양식에 힘입어 절제된 감정 표현과 섬세한 붓놀림으로 사실적이면서도 친밀감이 배어나는 작품을 다수 제작하여 고딕 미술의 마지막 단계를 장식하였습니다.

반쯤 부서진 고대 건축의 구조를 한 외양간을 배경으로, 한가운데 아기 예수를 안은 마리아가 앉아 있습니다. 화려한 옷을 입은 동방 박사 세 사람이 순서대로 세 가지 예물을 올리며 아기 예수에게 경배를 드리고 있습니다. 요셉은 붉은 색 외투를 걸치고 모자를 벗은 채 이 광경을 지켜보고 있습니다.

동방 박사의 경배를 주제로 그린 작품들을 보면 일반적으로 박사 세 사람에게 나이와 얼굴 모습에 차이를 두고 있습니다. 이 그림 또한 그러한 경향을 보여주면서 실제 인물을 등장시키고 있습니다. 동방 박사 세 사람 중 왼쪽의 무릎 꿇고 있는 젊은 인물은 화가가 사는 플랑드르 지방의 영주 부르고뉴 공이며, 아기 예수의 발에 뺨을 대고 있는 나이 든 인물은 부르고뉴 공작인 샤를 공의 초상입니다. 젊은 흑인 박사는 누구인지 알려져 있지 않습니다. 동방 박사

앞 그림의 부분. 동방 박사가 먼 길을 마다하지 않고 아기 예수를 찾아와 구세주로 경배함은 예수님이 이국의 백성에게까지도 소중한 분임을 시사하고 있다.

를 실제 인물로 삼은 것은 화가가 이들의 인품을 높이려고 했기 때문입니다.

그림 양편의 여러 인물들은 박사를 호위하는 신하들로서 박사의 경배를 지켜보고 있습니다. 이 사람들은 동방 박사를 따라 앞으로 예수님을 따르게 될 많은 사람들을 시사하고 있습니다. 그리고 유럽 왕, 동방의 왕, 아프리카 왕을 상징하는 깃발이 양편에서 펄럭이고 있습니다. 외양간의 황소는 경배의 광경을 물끄러미 바라보고 있으며, 외양간 창문에는 플랑드르의 마을과 푸른 언덕이 펼쳐져 있습니다.

건축물을 배경으로 삼아 놀랍고도 섬세한 붓 터치와 화려한 채색으로 동방 박사를 실제 인물의 초상으로 대신하여 경배의 정경을 사실적이면서 독창적으로 표현해내고 있습니다.

7. 이집트로 피난감

> 박사들이 떠난 뒤에 주의 천사가 요셉의 꿈에 나타나 말했습니다. "일어나라! 아기와 아기 엄마를 데리고 이집트로 도망가거라. 헤롯이 아기를 죽이려고 하니, 내가 지시할 때까지 이집트에 머물러 있으라."
> 그래서 요셉은 한밤중에 일어나 아기와 아기 엄마를 데리고 이집트로 떠났습니다. 요셉은 헤롯이 죽을 때까지 이집트에 있었습니다.

이국 땅에서 피난살이의 고달픔을 겪다

동방 박사들이 예수님을 구세주로 경배하고 헤롯 왕을 피해서 자기 나라로 돌아가자, 포악한 헤롯 왕은 동방 박사들에게 속은 것을 알고 몹시 화가 났습니다. 그래서 장차 유대 백성의 구세주가 될 아기 예수를 사전에 없애 버리기 위해 베들레헴과 그 주변 지역에 살고 있던 두 살 이하의 사내아이를 남김없이 죽였습니다.

  요셉은 헤롯 왕의 살육을 피해 아기 예수를 데리고 몰래 낯선 이국 땅으로 피난하여 고된 피난살이를 겪었습니다. 이는 억압과 고통 속에 살았던 옛 조상들의 고달픔을 아기 예수가 몸소 겪는 사건이었습니다. 아울러서 하루빨리 진정한 구세주가 나타나 이 고통스런 세상을 거두고 새로운 세상으로 이끌어 주기를 간절히 바라는 백성의 소망을 다시 한번 일깨워주고 있습니다.

7. **이집트로의 피난** 조토 디 본도네, 1305~10년, 프레스코, 파도바 스크로베니 예배당

조토 - 이집트로의 피난

이 그림은 아기 예수가 이집트로 피난가는 모습을 소재로 삼은 14세기 초엽의 이탈리아 화가 조토 디 본도네의 작품입니다.

단테와 동시대인이면서, 화면이 단조롭고 깊이가 없는 중세 조형예술의 화법에서 과감히 벗어나 이탈리아 르네상스 화풍의 양식을 정립시키고 서양 미술사상 '회화의 시대'라 부르는 새시대를 열어 그 출발점에 선 인물이 바로 조토였습니다.

그는 인체에 양감을 부여하고, 옷주름에 그림자를 살리는 등 중세의 평면성과 단순함을 넘어서서 공간적 깊이와 입체감을 드러내는 회화의 새로운 표현양식을 개척하였습니다. 또한 인물은 조형적인 형태를 취하면서 마음의 움직임에 개성을 부여하였으며 인물들을 구획된 공간 속에 합리적으로 배치하여 마치 눈앞에서 전개되는 듯이 실감있게 극적으로 표현하고 있습니다. 바람직하게도 그의 등장으로 말미암아 자연주의적인 사실주의가 한 걸음 더 앞으로 내딛게 되었습니다.

요셉 가족은 그들이 살던 마을을 벗어나 천사가 인도해 주는 길을 따라 이국땅 이집트로 피난을 가고 있습니다. 불안한 표정으로 뒤돌아보는 요셉과 그의 소생인 듯 보이는 야고보가 나귀를 끌고 앞장서서 걸어갑니다.

그러나 나귀의 느린 걸음은 서둘지 않는 겸손함을 암시하고 있습니다. 마리아는 포대기로 아기 예수를 안은 채 앞으로 닥쳐올 험난한 삶을 이겨내려는 듯이 두 다리를 모으고 나귀 등에 꼿꼿이 앉아 있습니다. 나귀 뒤에는 남자 두 사람과 여자 한 사람이 일행을 뒤따르면서 요셉 가족의 고생길을 돕습니다. 뒤따르는 초록빛 옷의 남자는 두 손가락을 펴서 피난 행렬의 안녕을 기원하고 있습니다. 가파른 산 속의 험한 길을 가는 인물들의 표정은 사뭇 굳어 있습니다. 천사는 걱정스러운 듯 피난 행렬을 뒤돌아보고 있습니다. 천

앞 그림의 부분. 아기 예수를 안은 채 피난길을 가는 마리아의 꼿꼿한 자세는 앞으로 닥쳐올 험난한 고난을 당당히 맞서 나가리라는 굳은 마음가짐을 엿보게 한다.

사는 얼굴 표정을 통해 인간의 감정을 드러내곤 합니다.

나무 몇 그루뿐인 가파른 산세의 풍경과 묵묵히 걷는 인물들 그리고 오른손으로 길을 인도하는 하늘의 천사 등 필수적인 것만으로 한정하여 화면을 구성하고 고초를 겪는 피난 행렬을 과감하게 그림 전면으로 부각시키고 있습니다. 인물들의 표정 속에 어린 불안감이 채색과 어우러져 과거와 다른 대담한 표현양식을 취하면서 인간 내면에서 우러나는 깊은 동정심을 불러일으키고 있습니다.

8. 성모자

> 헤롯이 죽자, 주의 천사가 요셉의 꿈 속에 나타났습니다. "일어나라! 아기와 아기 엄마를 데리고 이스라엘 땅으로 돌아가거라. 아기의 목숨을 노리던 사람들이 죽었다."
> 그래서 요셉은 아기와 아기 엄마를 데리고 이스라엘 땅으로 돌아갔습니다. 그러나 아켈라오가 아버지 헤롯의 뒤를 이어 유대의 왕이 되었다는 소식을 듣고, 요셉은 그곳으로 가는 것을 두려워했습니다. 꿈에서 지시를 받고나서 요셉은 갈릴리 지방으로 갔습니다. 그는 나사렛이란 마을로 가서 거기서 살았습니다.

요셉 가족이 나사렛으로 돌아와 정착하다

포악스런 헤롯 왕이 죽자, 요셉은 고단한 피난살이를 청산하고 아기 예수와 아내 마리아를 데리고 이집트에서 이스라엘 땅으로 돌아왔습니다. 요셉은 꿈에 천사가 가르쳐준 대로 갈릴리 지방의 나사렛으로 가서 살았습니다. 나사렛 마을은 예루살렘에서 북쪽으로 사흘 길이었으며 언덕들로 둘러싸인 작고 외진 마을이었습니다. 이곳에서 아기 예수는 자애스럽고 신앙심 깊은 어머니의 돌봄을 받으며 자랐습니다. 예수님을 '나사렛 예수'라 불릴 만큼 그분의 생애 중 대부분을 이곳 나사렛에서 보냈으며, 삼십 세가 될 무렵 이곳을 떠날 때까지 그분의 생활 터전이 되었습니다. 마리아는 어린 예수를 하나님의 뜻에 순종하는 믿음과 사랑으로 돌보았고 아버지 요셉은 목수로 가계를

8-1. 동굴의 성모자 레오나르도 다 빈치, 1486년, 유채화, 파리 루브르 미술관 소장

꾸려가면서 예수에게 유대 전통의 생활방식을 가르쳤습니다.

레오나르도 – 동굴의 성모자

이 그림은 동굴 속의 성모자를 소재로 그린 16세기 전성기 르네상스를 이끈 이탈리아 화가 레오나르도 다 빈치의 작품입니다.

그는 비례와 균형으로 조화로운 아름다움을 추구한 고대 예술을 능가하려는 노력을 계속했으며, 자신이 쌓은 과학적 소양과 타고난 창의력을 발휘하여 고대 예술에서 일찍이 볼 수 없었던 새로운 차원의 예술 세계를 창조해냈습니다.

그는 지적이고 천재적인 재능으로 나사렛 지방에서 볼 수 있는 동굴을 배경으로 삼아 세속적인 사람들의 모습과는 다른, 성모자의 성스럽고 이상적인 자태를 극적으로 표출해내고 있습니다. 특히 여러 번의 덧칠로 윤곽을 부드럽고 흐릿하게 조절하여 아련한 느낌을 부여하는 스푸마토 기법을 사용하여 안개가 스미듯이 명암을 조절하고 자연 풍경을 미묘하게 변화시키면서 회화의 효과를 높이고 있습니다.

어둠이 깔린 기이하게 생긴 동굴 한가운데 앉은 어머니 마리아가 보호자의 모습으로 다소곳이 눈길을 아래로 깔면서 아기 예수를 바라보고 있습니다. 왼쪽에는 마리아의 옷주름 속에 안긴 어린 요한이 무릎을 꿇고 두 손을 모아 아기 예수에게 경배를 드리고 있습니다. 아기 예수는 축복을 내리는 손동작을 지으며 요한을 바라보고 있습니다.

앞으로 두 아기에게 닥칠 험난한 삶을 미리 알기라도 하듯이 마리아는 오른손으로 어린 요한의 어깨를 가만히 감싸고, 왼손은 아기 예수의 머리 위로 가져가면서 더없이 기품이 서린 얼굴에 자애롭고 신비스러운 표정을 짓고 있습니다. 아기 예수 뒤편에 앉은 천사는 섬세한 표정을 지으며 앞으로 구원의

앞 그림의 부분.
다소곳이 눈길을 아래로 두면서
더없이 자애롭고 신비스러운
마리아의 표정은 함부로 다다를 수
없는 성모의 기품이 서려 있다.

메시지를 전할 어린 요한을 가리키면서 시선은 우리 쪽을 향하고 있습니다.

성스러운 네 인물들이 시선과 손길로 서로를 이어주는 안정된 삼각 구도를 이루면서 상단의 기묘한 형태의 산과 바위로 된 동굴 내부와 하단의 개울물로 화면 전체는 짜임새 있고 균형잡힌 구도를 취하고 있습니다. 빛은 동굴의 작은 입구에서 들어와 어둠 속으로 스며들고 동굴 밖 산봉우리는 푸른 하늘 아래 엷은 빛에 싸여 있습니다. 이 엷은 빛으로 두 아기와 두 인물들에게 무리없는 입체감을 부여하고 있습니다. 안개처럼 사라질 듯한 자연 풍경이 성스러운 인물들과 어울려 조화와 통일을 이루면서 평화롭고 신비로운 성가족의 모습을 유래없는 솜씨로 절묘하게 표현하고 있습니다.

8-2. 검은방울새의 성모자 산티 라파엘로, 1506년, 유채화, 피렌체 우피치 미술관 소장

라파엘로 - 검은방울새의 성모자

이 작품 또한 성모자와 요한을 소재로 삼은 16세기 전성기 르네상스의 화가 산티 라파엘로의 작품입니다.

　이 작품은 그가 로마에서 활동하기 이전인 피렌체 시절에 그린 것으로 찬란한 고대 미술을 한 단계 뛰어넘는 높은 회화성을 보여주고 있습니다. 현실감 있는 공간의 깊이 속에서 인물들은 빛과 그림자 그리고 다양한 색채로 조화를 이루며 입체적인 조형성을 갖추고 있습니다.

　낙타털로 된 아랫도리옷을 걸친 아기 요한이 아기 예수에게 검은방울새를 바치고 있습니다. 아기 예수는 몸을 전면으로 향하면서 얼굴은 요한에게로 돌려 슬픈 눈빛으로 검은방울새 머리를 쓰다듬고 있습니다. 검은방울새는 영혼을 상징하면서 예수님의 수난을 암시하고 있고, 아기 요한의 허리띠에 매단 그릇은 훗날 예수님의 세례를 암시하고 있습니다. 어머니 마리아는 성경을 읽다 말고 오른손으로 요한을 감쌉니다. 아기 요한을 내려다보는 마리아의 따뜻한 눈길이 아늑하게 느껴집니다.

　배경은 피렌체의 전원 풍경으로 수목과 강물이 어울려 부드럽게 물결치는 서정적인 경치를 펼치고 있습니다. 붉은 색 옷에 푸른 망토를 걸친 마리아의 머리를 정점으로 왼편의 아기 요한과 오른편의 아기 예수를 잇는 삼각 구도를 취하면서 인물들의 우아한 곡선과 다양하고 풍부한 색채가 완벽한 균형을 이루고 있습니다. 무엇보다 삼각 구도의 정점에 있는 마리아의 얼굴 표정에서 성모의 기품이 서린 인간적인 안온함이 우러납니다.

　이 작품은 엄숙한 종교적인 내용을 담기보다는 인간의 소중한 삶의 모습인 모성애를 드러내면서 인본주의 정신을 반영하고 있습니다. 인물과 자연이 서로 조화와 균형을 이루어 강렬하기보다는 더없이 마음을 편안케 해주는 라파엘로의 탁월한 예술적 능력을 엿볼 수 있습니다.

9. 성가족

아이는 점점 자라고 튼튼해졌으며 지혜도 많아졌습니다. 하나님의 은혜가 아기와 함께했습니다.

부모의 보살핌을 받으며 튼튼히 자라다

예수님 가족은 고된 피난 생활을 청산하고 나사렛에 안주하였습니다. 살림살이는 어려웠으나 아기 예수는 부모의 보살핌을 받으며 밝고 튼튼하게 자랐습니다.

예수님의 활동무대였던 갈릴리 지방은 이스라엘 북쪽 지방으로 여러 차례에 걸쳐 유대 지방과 분리되거나 다른 민족의 침략을 받아 전쟁을 치르기도 했던 우여곡절이 많은 역사를 지녔습니다. 다른 민족의 왕래가 잦았고 여러 민족이 섞여 살았습니다. 그래서 유대 지방 사람은 갈릴리 백성을 '잡종'으로 차별했습니다. 그러나 갈릴리의 유대 백성들은 외래 문화에 물들지 않고 유대의 오랜 전통 생활방식을 지켜 나갔습니다.

예수님 가족 또한 외래에 물들지 않았습니다. 아침이면 기도로 하루를 시작하였습니다. 아버지는 대패질하면서 주문을 받은 가구를 손질했고, 어머니는 집 한켠에서 곡식을 갈거나 베를 짜거나 빵을 구웠습니다. 해가 지면 식구들이 모여 조그만 기름등잔에서 흔들리는 빛을 받으며 저녁 기도를 드

9. **성가족** 렘브란트 반 레인, 1645년, 유채화, 상트페테르부르크 아미르타지 미술관 소장

렸습니다. 어린 예수는 평범하고 일상적인 농촌 생활 속에서도 계절에 따라 곡식이 무르익고 꽃들이 피어나고 새들이 지저귀는 모습을 눈여겨 보면서 하나님의 뜻을 헤아리는 지혜와 올곧은 심성을 길러 나갔습니다.

렘브란트 - 성가족

이 그림은 예수 가족을 소재로 한 17세기 네덜란드 화가 렘브란트 반 레인의 작품입니다.

그의 뛰어난 초상화에서 볼 수 있듯이 그는 인간 내면을 깊숙이 꿰뚫어보는 예리한 통찰력의 소유자였을 뿐 아니라 명암과 색조를 멋지게 배합할 줄 아는 탁월한 재능의 소유자였습니다. 또한 그는 화면의 인물들을 의도적인 자세나 동작 따위로 고전적 아름다움을 드러내기보다는 누구나 겪는 일상생활 속에서 쉽게 만날 수 있는 인물들을 사실적으로 그리는 진실성을 지니고 있었습니다.

그런 까닭에 성경의 주제로 그림을 그릴 때 그는 네덜란드 서민이 실제로 생활하는 정경을 화면에 사실적으로 그려넣기를 즐겼습니다. 이 그림 또한 그렇습니다. 화가가 살던 당시 네덜란드에서 흔히 볼 수 있는 가난하지만 그지없이 평화스러운 가정의 모습을 그대로 옮겨다 놓았습니다.

침침하고 허름한 집안 마룻바닥에 놓인 요람 속에서 아기는 고이 잠들어 있습니다. 시골 주부의 복장을 한 어머니가 성경을 읽다 말고 조심스럽게 잠든 아기에게 따뜻한 천을 덮어주려는 자애스러운 모습을 묘사해 놓았습니다. 이들의 뒤쪽에는 아버지인 요셉이 작업대에서 거친 통나무에 도끼질을 하고 있습니다. 아기 예수가 잠들어 있는 요람이나 벽에 걸린 여러 목공 기구들은 화가가 살던 당시의 모양을 그대로 보여주고 있습니다.

렘브란트 그림의 특징대로, 밝음과 어둠을 대비시키면서 이 그림의 초점

앞 그림의 부분. 요람 속에서 고이 잠들어 있는 아기 예수의 주위에는 그의 내면에서 우러나는 빛이 서려 있어 평화스러움이 깃든다.

이 되는 아기와 어머니에게로 시선이 집중되도록 빛을 모으고 있습니다. 밝음 속에 드러나는 잠든 아기와 어머니의 자애스런 동작과 절제된 색채는 정겨움이 넘쳐 신비스러움을 자아냅니다. 그림 왼쪽 윗부분에 아기 천사들이 없었다면 이 작품은 종교화라기보다는 풍속화라고 할 정도로 일상생활의 한 단면을 보는 것 같은 친밀감을 느끼게 해줍니다.

10. 비범한 소년

해마다 유월절이 되면 예수님의 부모는 예루살렘으로 올라갔습니다.
예수님이 열두 살이 되었을 때에도 유월절 관습을 따라 예루살렘으로 올라갔습니다. 유월절이 끝나고 집으로 돌아오는데 소년 예수는 예루살렘에 남아 있었습니다. 하지만 부모는 이 사실을 몰랐습니다. 그렇게 하루 정도 길을 간 후, 요셉과 마리아는 예수님을 찾았습니다. 그러나 예수님을 발견하지 못하자 예수님을 찾으러 다시 예루살렘으로 되돌아갔습니다.
삼일 뒤에 그들은 성전에서 소년 예수를 찾았습니다. 소년 예수는 성전에서 율법학자들 사이에 앉아서 듣기도 하고 묻기도 하면서 있었습니다. 그의 이야기를 듣는 모든 사람들이 예수님의 슬기와 대답에 놀라워했습니다.

깜짝 놀랄 만한 비범한 통찰력을 지니다

소년 예수는 남달리 총명하여 부모로부터 성경을 배우면서 예리한 통찰력으로 자신의 생각을 깊고 넓게 쌓아갔습니다. 그는 율법 그 자체에 매달리기보다는 율법을 꿰뚫어보고 그 바탕이 되는 근본정신에 관심을 가졌습니다. 그리하여 우리 인간은 율법 아래에 있기보다는 하나님의 은혜 가운데 있으며, 은혜는 물처럼 가장 낮은 곳으로 흐른다는 것을 깨달았습니다. 또한 성전에서 제사를 올릴 때에도 의식이나 형식에 매달리기보다는 하나님의 뜻에 가까이 다가가기 위해 진지한 정신과 열린 마음으로 인간에 대한 하나님의 사

10. 소년 예수와 율법학자들 알브레히트 뒤러, 1506년, 유채화, 마드리드 프라도 미술관 소장

랑에 눈을 돌렸습니다. 깜짝 놀랄 만한 비범한 통찰이었습니다.

이러한 어린 시절의 비범함이 성장해가는 초기부터 엿보였다는 것은 소년 예수의 미래의 행동 하나하나가 매우 중요하다는 것을 시사하고 있습니다.

뒤러 - 소년 예수와 율법학자

이 그림은 성전에서 소년 예수와 율법학자들 간에 논쟁을 벌이는 장면을 소재로 삼은 16세기 독일의 화가 알브레히트 뒤러의 작품입니다.

뒤러는 일찍이 이탈리아 르네상스 회화를 깊이 체험하고 인체의 조형과 색채에 대한 감각 등 다양한 기법을 몸에 익혔습니다. 또한 그는 종교개혁으로부터 결정적인 영향을 받고 개성적인 표현 의지로 독자적인 화풍을 확립해 나갔습니다. 구성의 면에 있어서도 인물들의 배치를 순수한 미적 관심을 넘어서서 인물들 간의 필연적인 관계를 보여주어 이탈리아의 가톨릭 계열의 작가와는 구별되는 북유럽적인 신교의 개성을 보여주었습니다.

그림 배경은 오로지 어둠으로 처리되면서 소년 예수를 둘러싼 네 명의 율법학자들이 서로 다른 주장을 드러내고 있습니다. 소년 예수는 늙은 율법학자들에게 손가락을 꼽아가면서 자신의 생각을 조목조목 펴고 있습니다. 오른쪽의 아주 비열하게 생긴 율법학자는 소년 예수의 손을 자신의 손으로 막으면서 말을 끊으려 하고 있습니다. 수염이 긴 율법학자는 자신의 주장을 고집하면서 보라는 듯이 모세의 율법책을 펴보이고 있습니다. 다만 왼쪽의 율법학자는 소년 예수의 주장에 놀라 율법책을 덮고는 예수님을 올려다보고 있습니다. 그의 모자에 붙인 네모 조각에는 성경 구절을 써 놓아 유대 교리를 굳게 지키고 있음을 나타내고 있습니다. 또 다른 율법학자는 예수의 주장이 못마땅하여 어둠 뒤로 숨어들면서 눈먼 영혼을 드러내고 있습니다.

소년 예수의 탄력있는 손은 사고의 유연함을 드러내고 있는 반면에 율법학

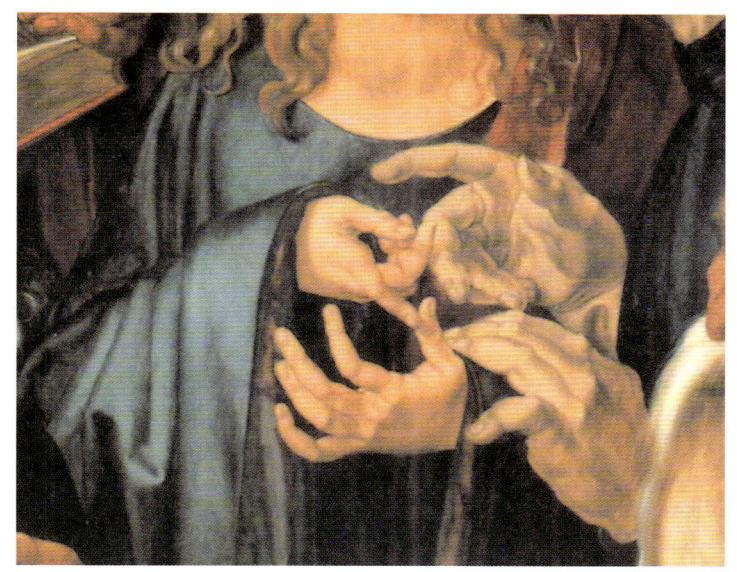

앞 그림의 부분. 사고의 유연함을 보여주는 탄력있는 소년 예수의 손을 사고의 고집스러움을 보여주는 주름진 율법학자의 손이 가로막으려 하고 있다.

자들의 주름진 손은 긴장과 고집스러움이 배어 있습니다. 또한 소년 예수의 온화하고 맑은 얼굴과는 달리 세상의 온갖 때에 절은 율법학자들의 얼굴에는 적대시하거나 배척하려는 표정이 매우 사실적이고 개성적으로 드러나고 있습니다. 이러한 율법학자의 일그러진 표정 속에서 뒤러는 인간 내면에 숨은 편협하고 배타적인 정신을 날카롭게 들추어내고 있습니다.

11. 아버지를 도우는 소년

예수님은 지혜와 키가 더욱 자랐고, 하나님과 사람들로부터 사랑을 받았습니다.

아버지의 일을 거드는 소년 예수
소년 예수는 어릴 적부터 아버지 요셉의 일을 거들면서 아버지의 일을 익혀 갔습니다. 소년 예수가 채 성년이 되기도 전에 아버지 요셉이 세상을 뜨자 그는 아버지의 일을 물려받아 장인으로서 가계를 꾸려 갔습니다.

목수일로 빠듯하게 살아가면서 그는 주위의 농부들과 가난한 사람들, 병자와 버림받은 사람들의 살아가는 모습을 깊은 연민으로 바라보았습니다. 궁핍한 생활 속에서도 그는 마음속 내면의 소리가 울려올 때면 자신의 사명을 다시금 가슴에 새겼습니다. 때로는 내홍으로 괴로워하거나 고독에 빠지기도 했습니다. 그러나 그는 마음 깊은 데서 들려오는 하나님의 목소리를 들으며 묵묵히 자신의 길을 찾아 나갔습니다.

라 투르 – 성 요셉과 소년 예수
이 그림은 아버지 일을 도와주는 소년 예수의 모습을 소재로 삼은 17세기 프랑스 화가 조르주 드 라 투르의 작품입니다.

그는 '촛불의 작가'라 일컬을 만큼 촛불을 즐겨 사용하였습니다. 촛불로 밝

11. 성 요셉과 소년 예수 조르주 드 라 투르, 1640년, 유채화, 파리 루브르 미술관 소장

앞 그림의 부분. 밤 늦게까지 허리 굽혀 작업하면서 아들을 바라보는 아버지의 비장한 눈길과 먼 곳을 바라보는 아들의 초롱한 눈빛이 극적으로 교차하고 있다.

음과 어둠을 인상적으로 대비시키면서 빛 속에서 드러나는 인물들의 동작을 단순화시켜 장엄하고도 경건한 성스러움을 표출해 내고 있습니다.

이 그림은 허리 굽혀 묵묵히 일에 몰두하는 아버지에게서 우러나는 인간의 위엄과 장중함 그리고 아들에게서 드러나는 천진스럽고 해맑은 얼굴이 서로 대비를 이루고 있습니다. 이러한 일상의 단면적인 정경 속에서 두 인물의 대비로부터 장중하고 경건한 정신이 엿보이지 않는다면 이 작품은 풍속화로 오인받았을 것입니다.

아버지 요셉은 작업실에서 밤 늦게까지 일하고 있습니다. 긴 머리에 짧은 외투를 입은 소년 예수는 촛불을 켜서 어둠을 밝히며 아버지를 도우고 있습니다. 아버지 요셉은 허리를 굽혀 발 아래 놓인 나무 대들보에 도래 송곳으로 구멍을 내고 있습니다. 그가 만들고 있는 것은 얄궂게도 나무 십자가입니다. 예수님의 앞날을 예감이라도 하듯이 허리 굽힌 자세로 아들을 바라보는 아버지의 눈길은 자못 비장합니다. 촛불에 함박 불빛을 받은 소년의 매끄러운 뺨이 요셉의 굵은 주름과 대조를 이루면서 소년의 초롱한 눈빛은 아버지를 건너 앞으로 다가올 험난한 미래를 바라보고 있는 듯합니다. 두 인물의 시선은 어두운 공간 속에서 서로 교차되면서 한층 극적인 분위기를 자아냅니다.

  이 작품은 해가 지고 어둠이 쌓일 무렵까지 각자의 일에 몰두하고 있는 두 인물의 단순화된 동작이 초의 불꽃에 의해 놀랄 만큼 강렬한 입체감을 드러내면서 마법과 같은 효과로 절묘하게 성스러운 인물들을 창조해내고 있습니다.

제2부

세상으로 나아가시다

12. 세례자 요한의 전도

그무렵 세례자 요한이 나타나서 유대의 광야에 전도를 시작하였습니다. 요한은 이렇게 외쳤습니다. "회개하시오. 하늘나라가 가까이 왔습니다." 세례자 요한은 예언자 이사야가 말한 바로 그 사람입니다.
"광야에서 외치는 한 사람의 소리가 있다.
'주님의 길을 준비하고 주님의 길을 곧게 펴라.'"
요한은 낙타털로 만든 옷을 입고 허리에 가죽띠를 둘렀습니다. 그는 메뚜기와 들에서 나는 물을 먹고 살았습니다.
예루살렘과 유대 지방과 요단강 주변에 사는 사람들이 모두 요한에게 나아왔습니다. 그들은 자신이 지은 죄를 고백하고 요단강에서 요한에게 세례를 받았습니다.

회개하라 외치며 요단 강가에서 세례를 베풀다

예수님이 삼십 세가 될 무렵, 본디오 빌라도는 유대 총독으로 유대 나라에 군림해 있었습니다. 포악한 헤롯 왕이 죽은 뒤 그의 아들 헤롯 안티파스가 분봉왕으로 갈릴리 지방을 다스리고 있었으며, 백성들은 여전히 지배계급의 착취와 폭정에 시달리며 힘들게 살아가고 있었습니다.

  권력과 종교 지배층이 내부로부터 타락해 가는 꼴을 보다 못해 예루살렘을 등지고 유대 광야에서 고행자로 살던 요한은 백성을 향해 땅이 울리도록 회

12. 설교하는 세례자 요한 렘브란트 반 레인, 1635~36년, 목판의 유채화, 베를린 국립미술관 소장

개하라고 외쳤습니다. 회개란 지난 날의 지은 죄를 뉘우치고 몸과 마음을 깨끗이 씻고 다시는 죄를 짓지 않는 것을 뜻합니다. 요한은 요단 강가에서 회개하는 자에게 지은 죄를 강물로 씻어주는 세례를 베풀었습니다.

　세례를 통하여 새 사람으로 살아가기를 요구하는 그의 외침은 나라 곳곳으로 퍼져 나갔고 수많은 사람들이 크게 자극을 받아 요한에게로 몰려들었습니다. 또한 그 외침은 예수님이 살던 갈릴리까지 울려 퍼졌습니다.

렘브란트 - 설교하는 세례자 요한
이 그림은 복음을 전하는 세례자 요한을 소재로 삼은 17세기 네덜란드 화가 렘브란트 반 레인의 작품입니다.

　이 작품은 한 가지 색을 사용하여 색의 짙고 옅음을 달리하면서 밝고 어두움을 나타내고 펜으로 자유롭게 선을 살려 윤곽을 드러내는 그리자유 기법으로 그린 것으로, 천성적인 예술의식으로 거장다운 면모를 보여주면서 판화의 세계를 보는 듯한 특유의 예술 경지를 성취하고 있습니다.

　타락해가는 예루살렘을 등지고 광야로 나아간 세례자 요한이 폐허의 광장에 옹기종기 모여 앉은 사람들 앞에서 다소 상체를 숙이고 오른손을 내밀어 회개하라고 외치고 있습니다. 요한의 설교를 귀기울이며 듣고 있는 사람들은 한결같이 헐벗었거나 가난에 찌든 사람들입니다. 늙거나 볼품없고 얼굴에는 주름이 진 세속적인 사람들입니다. 우는 아이를 달래는 여인과 포도를 두고 다투는 아이들도 보입니다. 화려한 옷차림을 한 제사장과 바리새파 사람으로 보이는 세 사람이 그림 앞쪽에서 무엇인가 서로 귀엣말을 나누고 있습니다.

　고통스러운 시대를 반영하듯이 하늘은 어둠으로 덮여 있고 폐허에는 부서진 건축물들이 널려 있습니다. 폐허의 광장 밖으로 멀리 펼쳐진 들판은 무척

앞 그림을 그리기 위한 인물들의 스케치. 렘브란트는 등장 인물들의 생생한 표정을 담기 위해 당시의 인물들을 암스테르담 거리에서 찾아 스케치했다.

황량합니다. 삼삼오오 모여 앉은 비천한 인물들은 렘브란트가 살던 암스테르담의 유대인 거리에서 스케치해온 것으로 무척 사실적입니다.

 이 그림 역시 밝음과 어둠을 대비시켜 엷은 갈색과 황토색으로 밝은 곳을 찾아 채색하고 있습니다. 전신을 드러낸 요한은 다른 인물들에 비해 그리 크지 않게 묘사되어 있으나 전신에 빛을 받아 힘차고 강한 느낌을 줍니다. 판화의 표현에 가까운 기법을 사용한다 할지라도 심오한 성경의 주제를 자유롭게 시각화하는 렘브란트의 천부적인 재능은 또 다른 심오한 예술의 경지를 체험하게 해줍니다.

13. 요한의 선포

> 요한은 사람들에게 이렇게 선포했습니다.
> "나보다 더 강하신 분이 내 뒤에 오신다. 나는 그분 앞에 꿇어앉아 그분의 신발끈을 풀기에도 부족하다. 나는 너희에게 물로 세례를 주지만 그분은 너희에게 성령으로 세례를 베푸실 것이다."

메시아의 오심을 예비하다

회개를 하여 새 사람이 되라는 요한의 외침은 힘이 넘쳤고 많은 사람들의 공감을 불러일으켰습니다. 그는 백성들을 향해 메시아가 곧 오리라는 것과 곧 오실 메시아가 어떤 분인지를 설파했습니다. 그 자신의 역할은 그리스도의 길을 열기 위한 준비 과정임을 분명히 하였으며 자신을 그리스도 아래에 두었습니다. 그리하여 자신은 쇠하고 그리스도가 승리할 것이라 이르면서 자신의 소명을 다했습니다.

당시 집권자인 헤롯 안티파스는 이러한 요한을 위협적인 인물로 간주하고 자신의 불륜을 비판한 것을 꼬투리 삼아 요한을 체포하였습니다. 그러고는 요한을 따르는 수많은 사람들의 소요사태를 우려한 나머지 처형을 주저하면서도 자신의 명예와 탐욕 때문에 그를 죽이고 말았습니다.

13. 세례자 요한 레오나르도 다 빈치, 1513년, 유채화, 파리 루브르 미술관 소장

레오나르도 - 세례자 요한

이 그림은 세례자 요한의 모습을 그린 16세기 전성기 르네상스의 이탈리아 화가 레오나르도 다 빈치의 생애 마지막 작품입니다.

그는 인류역사상 가장 활기 넘치는 전성기 르네상스 시대를 이끈 최초의 거장이라는 명예를 차지한 천재 화가였습니다. 그는 자연과 인간에 대한 끈질긴 탐구로부터 시작하여 서로 균형과 조화를 이루는 조형원리를 창안하여 고전의 미를 넘어서는 새로운 미를 창조했습니다. 그는 과학의 세계가 보여주는 정확성을 창의적 정신으로 발전시켜 예술 세계에 구현시켰으며, 현실세계와 이상세계의 조화로운 일치를 시도했습니다. 그리하여 그의 회화는 가장 고귀한 예술로 자리매김되었고, 그것을 낳은 작가는 신에 대신하는 창조적 능력을 지닌 자로 인정받았습니다.

이 작품에서 그는 인체를 단순하고 대담한 구도로 화면 가득 채우면서 명암을 대비시켜 부드러운 어둠 위로 반신상이 빛을 받아 돋아나도록 의도하고 있습니다. 그러면서 절제된 행동에서 짓는 그의 얼굴 표정과 자세에서 고전적이고도 기념비적인 모습을 담아내고 있습니다.

아무런 장식도 없이 오직 어둠뿐인 배경 속에서 세례자 요한이 황금빛 반신상을 드러내며 마치 환영처럼 떠오르고 있습니다. 황금빛 상반신은 어둠에 찬 세상을 밝히면서 자신이 빛의 증언자임을 드러내는 듯합니다. 십자가 모양의 지팡이를 든 왼손으로 자신을 가리키고, 오른손을 들어 검지손가락으로 십자가와 나란히 하늘을 가리키고 있습니다. 양성적인 분위기가 짙게 풍기는 우아하고 생기있는 얼굴, 건강하게 곱슬져 흘러내린 머릿결, 빨아들일 듯한 눈매와 눈빛, 다소곳이 고개를 돌려 부드럽고 신비롭게 미소짓는 입매 등이 빛과 어둠에 의해 미묘하게 변하는 색조와 어우러져 독특하고 매력적인 인물을 창조해내고 있습니다.

앞 그림의 부분. 불의에 항거한 예언자였던 요한이 곱슬져 흘러내린 머릿결에 빨아들일 듯한 눈빛과 양성적인 분위기가 물씬 풍기는 그의 미소가 무척이나 신비스럽다.

   이 세상을 구원할 메시아가 오고 있다는 희망을 던져주는 세례자 요한의 인물됨을 극히 절제된 행동에도 불구하고 대담하게 빛으로 성스럽게 표출해 냄으로써 다시금 레오나르도의 천재성을 엿보게 합니다.

제2부 | 세상으로 나아가시다

14. 세례를 받으심

그때, 예수님이 갈릴리로부터 요단강에 왔습니다. 예수님은 요한에게 와서 세례를 받으려고 했습니다. 그러자 요한은 이를 말리면서 말했습니다. "제가 예수님께 세례를 받아야 되는데, 도리어 예수님이 제게 오셨습니다."
예수님이 대답했습니다. "지금은 그렇게 하자. 우리가 이와 같이 하여 모든 의를 이루는 것이 옳다." 그제서야 요한이 예수님의 말씀을 따랐습니다.
예수님이 세례를 받고 물 밖으로 나오자 하늘이 열렸습니다. 예수님은 하나님의 성령이 비둘기처럼 자신에게 내려오는 것을 보았습니다. 그때 하늘로부터 "이는 내 사랑하는 아들이며, 내가 기뻐하는 아들이다"라는 소리가 들려왔습니다.

다 함께 회개하여 구원의 기쁨을 누리자

예수님은 본디 지순하지만 하나님께서 원하시는 모든 일을 이루기 위해 자신을 낮추고 겸손한 자세로 요한에게서 세례를 받았습니다. 그리하여 요한은 그분의 선구자가 되었습니다.

많은 사람들은 요한의 외침으로부터 하나님의 음성을 들었으며 예수님도 그들과 동참했습니다. 그들과 함께 묵상하는 동안 예수님은 마음 깊은 곳으로부터 때가 왔음을 깨닫고 세상을 향해 자신의 길을 걷기로 마음을 다졌습니다.

예수님과 요한 이 두 사람은 다같이 회개하여 현재의 삶에 대한 변화를 촉

14. 예수 그리스도의 세례 피에로 델라 프란체스카, 1450년대, 패널화, 런던 내셔널 갤러리 소장

구했습니다. 그러면서 요한은 당시 집권층의 온갖 죄악과 불의를 꾸짖으며 하나님의 진노의 심판이 가까웠으니 선하고 바르게 살라고 외쳤습니다.

반면에 예수님은 하나님 나라가 가까이 왔으니 신분을 가리지 않고 누구든지 회개하고 복음을 받아 새사람이 되어 다 함께 구원의 기쁨을 누리자고 했습니다. 정죄보다는 사랑과 용서에 역점을 두었습니다.

프란체스카 – 예수 그리스도의 세례

이 그림은 예수님이 요한에게서 세례를 받는 장면을 소재로 그린 15세기 중엽의 이탈리아 화가 피에로 델라 프란체스카의 작품입니다.

그는 어떤 도제에도 속하지 않은 자유로운 신분의 화가답게 과감하게 풍경의 밝고 부드러운 빛의 묘사와 인물의 극적인 배치 등 자유로운 기법을 구사했습니다. 이 작품은 본디 제단화로 그린 것으로 반원형은 하늘을, 사각형은 땅을 상징하면서 두 부분을 기발하게 이어서 그의 특유의 기념비적인 화면을 이룩하고 있습니다.

웃옷을 벗은 예수님은 하얀 몸을 드러내고 요단 강가 큰 나무 아래에서 두 손을 모은 채 요한에게서 세례를 받습니다. 헝클어진 머리에 짐승 가죽옷을 입은 요한은 그릇에 물을 떠서 그분의 머리에 뿌립니다. 요단강에 발을 담근 예수님의 인체는 아름다운 비례를 이루고 있으며 얼굴에 턱수염과 콧수염을 기르고 머리카락은 길게 늘어뜨렸습니다. 세례를 받을 때, 하나님의 성령인 비둘기가 하늘에서 내려와 그분의 머리 위를 날고 있습니다. 손을 맞잡고 있는 세 천사가 나무 뒤에서 앞날을 걱정하는 연민 어린 눈길로 세례 의식을 지켜보고 있습니다. 요한의 뒤편에는 세례를 받고 새로운 삶을 살려는 사람이 옷을 벗고 있습니다. 예수님과 또다른 사람의 세례 장면을 멋지게 하나로 묶어 놓았습니다. 요한의 세례 풍경을 지켜보던 제사장과 율법학자들이 어두

앞 그림의 부분.
예수님은 하얀 상체를 드러낸 채
요한으로부터 세례를 받고
다가오는 하나님 나라를 열기 위한
첫걸음을 내딛고 있다.

운 색조의 옷을 입고 돌아가는 뒷모습이 강물에 비칩니다. 그림 하단의 어린 식물들은 세례를 통해 거듭남을 상징하고 있습니다.

  인간의 완벽한 모습을 한 예수님을 그림 중앙에 두고, 그의 고향인 움브리아 지방의 성곽과 자연 풍광을 배경으로 삼으면서 인물들의 적절한 배치와 사실적인 자세 그리고 청량한 느낌을 주는 색조와 미묘한 명암이 서로 조화를 이루고 있습니다. 세례 장면을 그린 여러 작품들 중 단연 뛰어난 이 그림은 이지적인 느낌과 아울러 근대적인 분위기까지 자아내고 있습니다.

15. 광야에서 시험을 받으심

그후, 예수님은 성령에 이끌려 광야로 가서 마귀에게 시험을 받았습니다…
마귀는 다시 예수님을 높은 산으로 데리고 갔습니다. 마귀는 예수님에게 세상의 모든 나라와 그 영화로운 모습을 보여 주었습니다. 마귀는 말했습니다. "만일 당신이 나에게 절하고 경배한다면 이 모든 것을 주겠소."
예수님은 마귀에게 말했습니다. "사탄아, 썩 물러가라! 성경에 '오직 주 너희 하나님께만 경배하고, 그를 섬겨라!'고 기록되어 있다."
그러자 마귀는 예수님에게서 떠나가고, 천사들이 예수님에게 와서 시중을 들었습니다.

광야로 나아가 마귀의 유혹을 뿌리치다

예수님은 성령에 이끌려 거친 광야로 나아가 고독 속에서 40일간 단식을 하며 마귀의 시험을 물리쳤습니다. 마귀는 하나님을 거역하고 하늘에서 추방된 무리로서, 하나님께 불순종하고 교만한 마음을 지닌 타락한 존재입니다. 아울러 예수님의 사명을 훼손시키고, 우리들에게 고통을 주고 억압하고 죄를 짓게 하는 유혹자입니다.

예수님은 자신의 과업을 수행하기 위해 어떤 선택의 길을 가야 할 것인가, 뭇사람들이 기대하는 길을 걸어야 할 것인가, 외롭지만 자신의 길을 찾아 나아가야 할 것인가를 두고 고심했습니다. 고심 끝에 그분은 하나님을 경배하

15. 산 위에서의 유혹 두초 디 부오닌세냐, 1308~11년, 템페라화, 뉴욕 프릭 컬렉션 소장

고 오직 하나님만을 섬기는 험난하고 좁은 길을 선택했습니다.

마귀의 시험은 예수님에게 인간의 구원을 이 지상의 것으로 행해 보라고 유혹했으나 그분은 단호하게 현세적인 인간의 구원을 거부하고, 하나님에 의해서만 인간의 구원이 가능하다고 외쳤습니다. 그리하여 마귀의 유혹을 온전히 뿌리침으로써 예수님은 모든 억압에서 벗어난 해방자로서 자신이 나아갈 길을 천명했습니다. 이 유혹의 물리침은 바로 새로운 시대를 맞기 위한 낡은 시대의 청산을 상징적으로 시사하고 있습니다.

두초 – 산 위에서의 유혹

이 그림은 예수님이 마귀로부터 세상의 모든 권력과 부귀 영화를 줄 테니 자기에게 엎드려 절을 하라고 하는 세 번째 시험을 소재로 한 14세기초 이탈리아 화가 두초 디 부오닌세냐 작품입니다.

두초는 그와 동시대인인 피렌체의 조토와 쌍벽을 이루는 시에나 화파의 중심 인물이었습니다. 그러나 그는 조토와는 달리, 혁신적인 방법보다는 온건하게 과거의 전통인 고딕적 요소와 비잔틴 요소를 잘 버무려서 거기에 새로운 생명감을 불어넣었습니다.

붉은 옷에 푸른 망토를 걸친 예수님은 단아하고 위엄이 있으며 옷주름은 너울거리듯 부드럽습니다. 시커먼 몸에 악마의 날개를 달아 하나님에 대항하는 반역천사가 된 마귀는 더할 나위 없이 저주스럽고 흉측스럽습니다. 밝게 채색된 모형 같은 도시의 성채는 마귀가 예수님을 유혹하는 세상입니다. 마귀는 지상의 세속적인 통치와 인간 영혼의 지배를 제안하고 있습니다. 이 영화로운 세상을 주겠다고 유혹하는 마귀를 단호하게 꾸짖는 그분의 표정과 동작은 힘차 보이면서 극적인 분위기가 넘쳐 납니다. 마지막 시험에서 승리하여 마귀가 물러가자 두 천사가 나타나 그분의 시중을 들었습니다.

산의 모습과 도시의 건물들은 실제 모습과 달리 모형처럼 축소시켜 상징성을 높였습니다. 예수님 앞쪽의 도시와 성채는 밝고 화려한데 반해 마귀와 그 뒤쪽의 성채와 도시는 어둡고 흉물스럽습니다. 이러한 대비를 이루고서도 완성을 보지 못한 원근법의 미숙함과 등장 인물들의 다소 굳은 자세는 아직도 비잔틴 양식의 영향 아래 있음을 알려 줍니다. 그러나 인물의 양감, 부드러운 옷주름, 풍부한 색채는 한 걸음 더 초기 르네상스 미술로 다가섬을 느끼게 합니다.

16. 세상으로 나아가심

요한이 감옥에 갇혔다는 소식을 듣고 예수님은 유대에서 갈릴리로 돌아가 하나님의 복음을 전했습니다.
예수님은 "때가 되었다. 하나님 나라가 가까이 왔다. 회개하고 복음을 믿으라!"라고 말했습니다.

가난하고 버림받은 사람들 곁으로 다가가다

세례자 요한이 헤롯 안티파스 분봉왕에게 체포되었다는 소식을 들은 예수님은 마침내 세상으로 나아가 백성들을 향해 본격적으로 자신의 과업을 수행하기 시작했습니다.

그분은 갈릴리 지방을 두루 다니며 주로 유대교 예배 장소인 회당에서 백성들을 가르쳤습니다. 하나님의 복음을 전하고 하나님 나라의 비전을 설파하였습니다. 하나님 나라는 억압하고 벌주는 나라가 아니라 빛과 자유를 누리게 해주는 나라라고 일깨워주었습니다. 그러고는 묶인 사람들에게 자유를 선포하고 억눌린 사람들에게 해방을 선포했습니다.

예수님은 하나님 나라의 비전을 자신의 삶으로써 몸소 실천해 나갔습니다. 불의한 사회 체제 안에서 따돌림받는 사람들, 묶이고 억눌린 사람들, 천대받는 사람들, 가난한 사람들에게로 나아가 하나님 나라가 가까이 왔다는

16-1. 예수 그리스도의 얼굴 레오나르도 다 빈치, 1495년, 파스텔화, 플레라 갤러리 소장

기쁜 소식을 전하며, 하나님 나라는 바로 이들의 것이라고 독려했습니다. 또한 사람들을 묶고 억누르는 어떠한 것도 거부하고 오직 하나님의 사랑을 드러내는 데에 온 힘을 쏟았습니다.

레오나르도 – 예수 그리스도의 얼굴

이 그림은 예수님의 얼굴을 그린 16세기 전성기 르네상스의 화가 레오나르도 다 빈치의 파스텔화입니다.

파스텔은 벽화에 나타나는 색채의 효과를 단번에 알 수 있는 장점이 있습니다. 그래서 레오나르도는 "최후의 만찬"이란 작품을 그리기 전에 파스텔로 그분의 얼굴을 먼저 그려본 것이 바로 이 작품입니다. 성상 파괴 논쟁을 수차례 겪고 난 다음, 성화 작가들은 그분의 면모를 그리기 시작했습니다. 그러나 섣불리 그릴 수는 없었습니다. 그분의 행적을 담은 사복음서에는 얼굴 생김새나 체격에 대해 한마디 언급이 없을 뿐만 아니라 그분을 그린 초상 속에는 인성이 지니는 정서와 감정 그리고 신성이 지니는 영원성이 함께 우러나야 하는 어려움이 있었기 때문입니다.

아주 초기에 표현된 예수님 면모는 곱슬머리에 수염이 없는 그리스적인 아름다운 청년의 얼굴이었습니다. 그후 그림 16-2에서 보듯이 비잔틴 미술의 영향을 받으면서 어깨까지 드리운 긴 머리카락, 곱슬한 턱수염과 손질된 콧수염, 광대뼈가 조금 불거진 얼굴에 몸은 다소 야위었으나 위엄있고 제왕다운 위용을 갖춘 당당한 모습이었습니다.

그후 그분의 초상은 후광에 싸여 왕좌에 앉은 제왕적 위용을 부각시켰으나 신앙의 열정이 우선한다고 생각한 작가들은 르네상스 이래로 인간적인 측면을 더욱 부각시키는 경향으로 옮아가게 되었습니다. 레오나르도의 예수님 초상은 겉모습보다는 내면의 모습에 중점을 두면서 시간에 구애받지 않

16-2. 예수 그리스도
13세기경, 모자이크,
이스탄불 하기아 소피아
성당 천장

는 기품있는 인간의 보편적인 이상미와 내면의 아름다움을 조화시키고 있습니다. 다소곳이 숙인 머리, 감은 듯이 지긋이 아래로 내려뜬 눈길, 어깨까지 늘어뜨린, 곱슬진 머릿결, 가만히 다문 입, 수염이 없는 턱, 바다처럼 고요하고 평온한 얼굴 표정은 성스러운 영혼을 지닌 구원자의 모습을 하고 있으면서 그지없이 부드럽고 친근감이 넘쳐 마치 예수님을 대하는 듯한 느낌을 안겨 줍니다.

17. 첫 제자들을 부르심

> 예수님은 갈릴리 호숫가를 거닐다가 두 형제 베드로라 하는 시몬과 그의 동생 안드레가 호수에 그물을 던지는 것을 보았습니다. 그들은 어부였습니다.
> 예수님은 그들에게 말했습니다.
> "나를 따라오너라. 내가 너희를 사람을 낚는 어부로 삼겠다."
> 그 즉시 시몬과 안드레는 그물을 버려두고 예수님을 따랐습니다.

제자를 두고 남다른 사랑으로 가르치다

예수님을 따르는 많은 사람들이 주위로 몰려들자 예수님은 이제껏 혼자서 하던 일을 제자와 함께하기로 마음먹었습니다. 그래서 그분은 갈릴리 호숫가에서 고기를 낚는 어부 베드로와 안드레를 첫 제자로 삼았습니다. 뒤이어 역시 어부인 세배대의 아들 야고보와 그의 동생 요한을 제자로 삼았습니다. 제자가 된 이들은 조금도 주저나 의심 없이 그들의 모든 것을 버리고 순종하는 마음으로 그분을 따라 나섰습니다.

　제자가 된 자들은 한결같이 보잘것 없는 사람들이었으나 오히려 보잘것 없음으로 해서 그분의 선택을 받았습니다. 그분은 이들을 언제나 자신 가까이에서 지내게 하면서 끊임없이 남다른 가르침과 사랑을 주었습니다. 제자들은 이전과는 다른 사람이 되어 갔습니다. 그러나 오랜 인습에 젖어 있던 제

17. 베드로와 안드레의 부르심 두초 디 부오닌세냐, 1308~11년, 나무판에 유채화, 워싱턴 내셔널 갤러리 소장

자들은 그분의 놀라운 가르침을 바르게 이해하지 못했을 뿐 아니라 제자들마다 이해하는 방식 또한 달랐습니다. 더욱이 수난과 죽음을 맞기까지 그분이 진정 어떤 분인지를 알지 못했습니다. 아이러니하게도 제자들은 예수님 사후에야 어떤 분인지 알게 되었습니다.

두초 – 베드로와 안드레의 부르심
이 그림은 예수님이 베드로와 안드레를 제자로 삼는 광경을 소재로 삼은 14세기 초 이탈리아 화가 두초 디 부오닌세냐의 작품입니다.

바위 기슭에 선 예수님은 수난을 상징하는 핏빛 옷과 제왕의 지위를 말해주는 보랏빛 망토를 걸치고 권위에 찬 자세로 두 어부 베드로와 안드레를 부르고 있습니다. 세 인물이 나누는 눈길과 표정 그리고 부드럽게 흐르는 옷주름은 소박하지만 화려한 경향의 시에나 화파의 특징을 그대로 보여주고 있습니다. 화면은 황금빛 하늘과 초록빛 바다 그리고 바위 해안으로 삼분되어 있고 고깃배가 바다를 크게 차지하고 있습니다. 바다의 물결과 물 속에서 놀고 있는 물고기를 보면 다소 평면적이어서 아직도 과거 중세의 전통에 대한 두초의 온건한 태도가 엿보입니다.

갈릴리 호수에서 베드로와 안드레 두 형제가 고기를 잡고 있었습니다. 그때 예수님의 지시로 그물에 가득 차도록 많은 고기를 잡아 기뻐하고 있는 두 어부에게 오른손을 내밀어 따라오라는 손짓을 하였습니다. 그러나 두 형제 중 베드로는 하던 일을 멈추고 오른손을 들어 '왜 하필이면 우리입니까' 하고 따져 묻는 듯이 의아한 표정을 지으며 난데없이 나타난 그분을 바라보고 있습니다. 안드레는 고기를 걷어 올리다 말고 다소 어리둥절한 표정으로 예수님을 바라보고 있습니다.

세 인물이 짓는 표정과 자세를 보면 예전에 볼 수 없었던 그들 나름의 인간

앞 그림의 부분.
예수님이 고기를 잡고 있던 두 어부를 부르시자 형 베드로는 부르는 까닭을 따지기라도 할 듯한 표정을 지으며 그분을 올려다보고 있으며, 동생 안드레 또한 하던 일을 멈추고 어리둥절한 표정으로 그분을 바라보고 있다.

성을 드러내고 있음을 엿볼 수 있습니다. 이 점은 당시로서는 매우 독창적이고 중세의 전통에서 한 걸음 더 나아갔음을 보여주고 있습니다. 특히 예수님을 과거의 전통에 따라 다른 인물보다 크게 그리거나 위용이 넘치는 자태를 그리기보다는 보다 인간적인 모습으로 그려낸 점에서 과거와 달리 새로운 경지를 개척해 나갔음을 보여주고 있습니다.

18. 가나의 혼인 잔치

갈릴리에 있는 가나라는 마을에서 결혼식이 열렸습니다. 예수님의 어머니도 결혼식에 참석했고, 예수님과 그분의 제자들도 결혼식에 초대받았습니다.
포도주가 바닥났을 때, 예수님의 어머니가 예수님에게 "이 집의 포도주가 다 떨어졌구나"라고 말해 주었습니다. 예수님은 "어머니, 왜 저에게 이런 부탁을 하십니까? 저의 때가 아직 오지 않았습니다"라고 대답했습니다. 예수님의 어머니는 하인들에게 "그분이 시키는 일은 무엇이든지 하여라" 하고 말해두었습니다…
예수님은 하인들에게 "항아리에 물을 채워라" 하고 말했습니다. 하인들은 항아리에 물을 가득 채웠습니다. 그러자 예수님은 그들에게 "자, 이제 그것을 퍼다가 잔치를 주관하는 사람에게 갖다 주어라" 하고 말했습니다. 하인들은 물을 떠서 잔치를 주관하는 사람에게 갖다 주었습니다.
하인이 떠다 준 물을 잔치를 주관하는 사람이 맛보았을 때 그 물은 포도주가 되어 있었습니다…
예수님은 이 첫 번째 표적을 갈릴리 가나에서 행하였으며, 거기서 그분의 영광을 보여 주었습니다.

잔치의 흥겨움을 함께 나누다
당시 혼인 잔치는 친척과 축하객들이 어울려 일주일 동안 벌이는 것이 관례였습니다. 그런데 잔치 중에 포도주가 바닥나 버렸습니다. 몹시 수치스럽고 당혹스런 일이었습니다. 그때 어머니의 요청을 받고 예수님은 물을 포도주로 만들어주었습니다.

항아리에 새로운 포도주가 채워지면서 시들해져 가던 잔치가 다시 기쁨과 즐거움으로 바뀌었습니다. 이러한 변화는 시들한 묵은 질서보다는 기쁨에 찬 새로운 질서에서 누릴 수 있는 것임을 상기시켜 줍니다.

예수님 또한 스스럼없이 잔치의 기쁨을 하객들과 나누면서 식탁에 둘러앉아 음식을 들며 이야기꽃을 피웠습니다. 그분은 금식을 하기보다는 신분에 구애없이 여러 사람들과 식탁에 둘러앉아 얼굴을 마주보며 음식을 나누어 먹기를 즐겼습니다. 이러한 자리에서 대화를 나누다 보면 자연히 마음의 문을 열고 함께 삶의 기쁨을 누릴 수 있기 때문이었습니다.

베로네세 - 가나의 혼인 잔치

이 그림은 가나의 혼인 잔치에 참석하여 피로연을 즐기는 장면을 소재로 한 16세기 후반의 이탈리아 화가 파올로 베로네세의 작품입니다.

그는 밝고 풍부한 색상과 낙천적인 경향의 화풍으로 베네치아파 회화를 전성기로 이끌었습니다. 그는 성경 이야기를 소재로 삼더라도 초자연적인 것에 대한 묘사는 피하고 사실적인 관점에서 경쾌하고 화려한 축제의 분위기를 즐겨 그렸습니다. 이 그림은 화가 특유의 거침없는 재능으로 종교적인 엄숙함보다는 세속적인 의식인 피로연을 즐기는 인물들의 즐겁고 들뜬 베네치아 취향의 정경을 좌우 대칭의 구도로 그리고 있습니다.

예수님과 어머니 마리아와 제자들, 각지에서 모여든 결혼 축하객들, 음악을 연주하는 악사들, 시종과 광대 등 수많은 인물들과 애완동물이 어울려 흥겨운 잔치가 한껏 무르익어 갑니다. 온갖 음식이 차려진 테이블을 두고 축하객들이 단을 지어 앉아 있습니다. 테이블 가운데에 예수님이 앉아 있고 양편

18. 가나의 혼인 잔치(부분) 파울로 베로네세, 1562~64년, 유채화, 파리 루브르 미술관 소장

앞 그림의 부분. 베네치아 화파를 이끄는 대표적인 화가 베로네세, 티치아노, 틴토레토, 바사노 4인조가 전면에 등장하여 현악기로 결혼 축하 음악을 연주하고 있다.

으로 마리아와 제자들이 자리하고 있습니다. 그분과 제자들은 수수한 옷차림을 하고 있는데 반해, 축하객은 전통 복장을 입거나 베네치아 상류층의 화려한 복장을 하고 있습니다. 신랑과 신부는 맨 오른쪽 전면에 자리하여 시동으로부터 포도주잔을 받고 있습니다.

마침 잔치 중에 포도주가 바닥나 그분이 항아리에 채운 물을 포도주로 만들어 잔치 주관자에게 갖다 주도록 했습니다. 화면 오른쪽으로 하인이 따르는 물이 포도주로 변하여 주전자에서 콸콸 쏟아지고, 서서 그 맛을 시음하고 있는 잔치 주관자는 바로 베로네세의 동생입니다. 그도 또한 화가였지만 재능은 형에 미치지 못했습니다.

  그분 앞쪽으로 네 사람의 악사가 음악을 연주하고 있습니다. 이들은 베네치아파 화가들을 모델로 그렸습니다. 흰 옷을 입고 비올라다감바를 연주하고 있는 악사가 바로 이 그림의 작가 베로네세입니다. 비올로네는 티치아노가, 바이올린은 틴토레토가, 리라 비올은 바사노가 연주하면서 그들의 친구들과 후원자들까지 등장시켜 잔치를 한결 흥겹게 끌어가고 있습니다.

  그의 그림 속에는 당시 유행했던 온갖 패션을 한눈에 볼 수 있습니다. 호화롭고 장식적인 옷차림의 인물들, 화려하게 수놓은 테이블보와 갖가지 식기들, 악기들과 진기한 도자기들이 서로 조형적인 조화를 이루고 있습니다. 또한 풍부하고 다양한 색채는 시각적 리듬을 타고 잔치의 여러 장면들을 멋지게 이어주고 있습니다. 작가의 개성이 잘 드러난 이 작품은 끝날 줄 모르게 잔치의 흥겨움 속으로 빠져드는 16세기 풍의 호사스러운 향연 모습을 사실적으로 보여주고 있습니다.

19. 우물가의 여인

유대를 떠나 갈릴리로 가는 도중에 예수님은 사마리아 지방의 수가라는 마을로 들어갔습니다. 예수님은 오랜 여행으로 피곤하여 야곱의 우물가에서 쉬고 있었습니다. 제자들은 먹을 것을 구하러 마을로 가고 예수님은 홀로 우물가에 앉아 있었습니다. 그때가 대략 정오쯤이었습니다.

사마리아 여자 한 사람이 물을 길으러 나왔습니다. 예수님은 그 여인에게 "내게 마실 물 좀 주시오"라고 말했습니다. 사마리아 여인은 예수님께 "당신은 유대 남자고 나는 사마리아 여자인데 어떻게 저에게 마실 것을 달라고 할 수 있습니까?"라고 말했습니다. 당시 유대인은 사마리아 사람들과 상종을 하지 않았습니다.

예수님은 그 여인에게 이렇게 대답했습니다. "당신이 하나님께서 주시는 선물이 무엇인지, 또 지금 부탁하고 있는 사람이 누구인지 알았더라면, 오히려 당신이 그 사람에게 구하였을 것이고 그러면 그가 당신에게 생명의 물을 주었을 것이오."

그 여인은 말했습니다. "선생님, 당신에게는 물 길을 도구도 없고 이 우물은 매우 깊은데, 어디서 생명의 물을 구한단 말입니까?"

예수님은 "이 물을 마시는 사람은 다시 목마를 것이오. 그러나 내가 주는 물을 마시는 사람은 누구든지 간에 영원히 목마르지 않을 것이오. 내가 주는 물은 그 사람 안에서 계속 솟아나 영원한 생명을 가져다주는 우물이 될 것이오"라고 대답했습니다.

19. 예수와 우물가의 사마리아 여인 파울로 베로네세, 연대 미상, 유채화, 빈 미술관 소장

뜻밖에 구원자를 만나 다시는 목마르지 않는 생명의 물을 마시다

예수님을 만나면 특별한 것을 얻습니다. 남의 눈을 피해 물을 길으러 온 사마리아 여인에게 예수님은 물을 청했습니다. 여인은 놀랐습니다. 유대인은 사마리아 사람들을 멸시할 뿐 아니라 음식도 함께 먹기를 꺼려했습니다. 이런 관습을 어기고 그분은 사마리아 여인에게 먼저 물을 청했습니다.

그런데 이 여인은 마을 사람들로부터 멸시를 받으며 버겁게 살아가는 외톨이였습니다. 정작 영혼이 목마른 사람은 바로 이 여인이었습니다.

그분에게는 마음 깊은 곳에 영생토록 마르지 않는 샘물이 있습니다. 언제든지 목마른 사람에게 베풀 수 있는 넉넉한 샘물이 있습니다. 이 여인은 뜻밖의 구원자를 만나 그분이 주는 생명의 물을 마시고 메마른 영혼을 촉촉히 적시어 다시는 목마르지 않는 새 생명을 얻었습니다.

베로네세 – 우물가의 사마리아 여인

이 그림은 예수님이 우물가에 물을 길으러 온 사마리아 여인에게 마실 물을 청하는 장면을 소재로 삼은 16세기 후반의 이탈리아 화가 파올로 베로네세의 작품입니다.

종교개혁 이후, 종교 지도자들은 흐트러진 신앙심을 바로 세우고자 성경 내용에 걸맞도록 세세한 규범을 정해놓고 화가더러 지키도록 권하였습니다. 그러나 그는 눈에 보이는 세계가 바로 화가의 세계이고 이 세계에 대한 화가의 느낌 말고는 어떤 규범도 따를 수 없다는 신념 아래 그의 거침없는 개성에 따라 그림을 그렸습니다. 그의 그림은 때로는 성경 본래의 주제에서 벗어났다고 하여 종교 재판소에 소환되어 종교적 심판을 받기도 했습니다. 그러나 그는 결코 정해진 규범에 따라 그림을 그리지 않았습니다.

이 그림은 두 인물을 전면에 두고 좌우 대칭의 구도로 배치했습니다. 왼쪽

앞 그림의 부분. 우물가에서 예수님이 오른손을 가슴에 대어 자신이 구세주임을 암시하면서 왼손을 내밀어 물을 긷는 사마리아 여인에게 마실 물을 청하고 있다.

의 예수님은 물을 길으러 온 여인에게 왼손을 내밀어 마실 물을 부탁하고 있습니다. 오른손을 가슴에 대고 있는 것은 자신이 구세주임을 암시하는 자세입니다. 오른쪽의 여인은 우물에서 물을 긷고 있습니다. 우물가에 놓인 물동이는 육체와 영혼의 목마름에 관한 두 사람의 대화 내용을 암시하고 있습니다. 배경으로는 사마리아 지방의 풍경이 펼쳐져 있고, 멀리서 세 제자가 먹을 것을 구해 돌아오고 있습니다.

  이 작품 역시 예수님과 여인이 입고 있는 옷에서 드러나는 화려한 색채와 장식적 특성으로 말미암아 종교적 분위기보다는 현세적 아름다움이 돋보이고 있습니다.

20. 많은 병자를 고치심

예수님은 갈릴리 지방의 여러 곳을 다니시며 유대인들의 회당 안에서 가르치시고 하늘 나라에 대한 기쁜 소식을 전해 주셨습니다. 그리고 사람들의 갖가지 병을 고쳐 주셨습니다.
예수님에 대한 소문이 시리아 전역으로 퍼졌습니다. 사람들은 병든 사람을 데리고 예수님에게로 나아왔습니다. 그들은 여러 가지 병으로 고통받고 있었는데, 통증에 시달리는 사람, 귀신들린 사람, 간질병에 걸린 사람, 그리고 중풍에 걸린 사람들이었습니다. 예수님은 그들을 고쳐 주셨습니다.

병자들의 겪는 고통을 함께 아파하다

당시 사람들은 질병을 하나님의 계명을 어긴 죄의 결과라고 여겼습니다. 그래서 병자들은 병으로 인한 육체적인 고통뿐만 아니라 가정이나 사회로부터 따돌림을 받으며 떠돌이로 살아야 하는 심적 고통까지 받았습니다. 이들은 한결같이 병을 고쳐 사람답게 살기를 열망했습니다. 이러한 열망을 품고서 이들은 예수님 앞으로 나아갔습니다.

예수님은 병자를 보고는 그냥 지나치지 않았습니다. 병자들이 겪는 고통을 함께 아파하고 그들의 고통을 관심과 사랑으로 감싸 안았습니다. 그리하여 병자들의 질병을 무상으로 치료함은 물론, 마음의 고통까지 치유하여 이들을 정상적인 사회적 관계 속으로 따뜻하게 맞아들였습니다. 아울러 병자

20. 병자를 고치는 예수 그리스도 렘브란트 반 레인, 1648~50년, 동판화, 베를린 미술관 소장

들에게 병의 고통으로부터 벗어나려는 투지와 삶에 대한 희망을 일깨워 주었습니다.

병을 치료함은 하나님이 지어주신 본연의 모습으로 돌아가라는 것입니다. 예수님은 병자의 몸뿐만 아니라 마음까지 치유하여 온전히 사회생활을 영위할 수 있게 해주면서 병자들을 사회적으로 따돌리거나 제재해 온 관습을 거부했습니다.

렘브란트 – 병자를 고치는 예수 그리스도
이 그림은 복음을 전하고 병자를 고치는 예수님을 주제로 삼은 17세기 네덜란드 화가 렘브란트의 동판화입니다.

렘브란트는 유화 못지 않게 판화에서도 걸출한 작품을 제작했습니다. 판화를 제작함에 있어 그는 섬세하고 다양한 선의 묘사를 위해 당시 많이 활용되던 엔 그레이빙 기법 대신에 에칭이라는 독특한 기법을 사용했습니다. 그는 예리한 바늘을 사용하여 원판 위에 자유롭게 선을 구사했습니다. 서로 다른 길이와 깊이 그리고 강하고 약한 선을 서로 교차시키고 엉키게 하여 유화의 명암법에서 보듯이 밝음과 어둠의 대비 효과뿐 아니라 인물들의 다양한 모습과 변화무쌍한 구도를 완벽하게 구사했습니다. 그리하여 그는 유화 화가뿐만 아니라 판화가로서 위대한 거장의 반열에 서서 부드러우면서 신비감이 우러나는 또 하나의 예술의 영역을 개척했습니다.

이 그림은 복합적인 내용을 담고 있습니다. 중앙의 다소 높은 곳에 꼿꼿이 서 있는 예수님 주변으로 병 고침을 바라는 병자들이 옹기종기 모여들고 있습니다. 들것에 실려온 병자, 지팡이를 짚고 기다리는 노인, 꿇어앉아 기도하는 자세로 애원하는 자, 바닥에 앉은 병든 여자, 문 안으로 들어서는 병자들이 보이고, 안타까운 마음을 알리기라도 하듯이 기도하는 병자의 손 그림자가 예수님 옷자락에 비치고 있습니다. 예수님은 오른손을 내밀어 어린 아이들을 가까이 오라고 부르고 있습니다. 어린이를 안고 다가가는 어머니, 어머니의 옷자락을 끄는 아이 그리고 슬픔에 잠긴 채 앉아 있는 청년, 예수님을 올려다보는 마치 소크라테스를 닮은 노인 등 많은 사람들의 모습을 사실적으로 그려 놓았습니다. 화면 왼쪽 끝에는 바리새파 사람들과 율법학자들이 의혹에 차서 서로 수군거리고 있습니다.

어둠에 싸인 크고 넓은 공간 안으로 들어오는 빛이 예수님과 병자들을 드러내 보입니다. 후광에 감싸인 그분의 얼굴 표정은 연민의 정이 흘러넘칩니다. 팔을 벌려서 한 손은 하늘을 가리키며 한 손은 감싸 안을 듯이 앞으로 내민 그분의 모습에서 형언할 수 없는 자애로움을 느끼게 합니다.

성화에다 버림받은 병자들의 결코 아름답지 않은 차림새를 과감히 드러내면서도 화면은 사랑의 정감으로 흘러넘칩니다. 좌측에서 우측으로 흐르는 밝음이 어둠과 조화를 이루면서 그 밝음 속에서 인물들의 동작을 정교하고 생생하게 드러내고 있습니다. 섬세한 판화의 기법으로 렘브란트는 세속적인 삶을 차원 높은 종교적인 심오함의 경지까지 승화시키고 있습니다.

21. 세리 마태의 부르심

> 예수님은 길을 가시다가 마태라는 사람이 세관에 앉아 있는 것을 보았습니다.
> 예수님은 그에게 말했습니다. "나를 따라오느라."
> 그러자 마태는 일어나 예수님을 따라갔습니다.

저급한 계층의 사람을 제자로 삼다

예수님은 어부 출신의 제자 몇몇을 데리고 갈릴리 지방을 두루 다니면서 하나님 나라에 대한 기쁜 소식을 전했습니다. 그러던 중 세리의 하수인인 마태를 보자, 놀랍게도 그를 제자로 삼았습니다.

마태는 로마제국에 빌붙어 세금을 징수하는 고용된 하인이었습니다. 그는 유대 나라를 배신한 자, 유대의 신앙을 잃어버린 불결한 자로서 이스라엘 동족들로부터 죄인과 동등하게 멸시와 천대를 받았습니다.

예수님은 이러한 저급한 계층의 사람들까지 스스럼없이 가까이하고 그들의 마음을 감싸 안았습니다. 이러한 행동을 취할 때마다 바리새파 사람들로부터 미움과 질시를 받았습니다. 그러나 예수님은 전혀 괘념치 않고 신분에 구애됨이 없이 제자를 불렀으며, 특히 세리 마태를 제자로 부르심은 죄인으로 구분짓는 당시 사회의 판단 기준을 허물어뜨리는 것이었습니다.

21. 마태의 부르심 카라바조, 1597~98년, 유채화, 로마 산 루이지 데이 프란체시 성당 소장

카라바조 – 마태의 부르심

이 그림은 예수님이 세리인 마태를 제자로 삼는 광경을 소재로 한 17세기 초의 이탈리아 화가 미켈란젤로 메리시 다 카라바조의 작품입니다.

그는 고전적인 규범이나 전통적인 인습을 따르기보다는 눈에 보이는 자연이 추하든지 아름답든지 불문하고 있는 그대로를 사실적으로 묘사해야 한다고 생각했습니다. 그리하여 그는 성경의 주제 하나하나를 핵심을 찌르듯이 거짓이나 꾸밈을 삼가고 자신이 살았던 시대에서 볼 수 있는 일상의 모습으로 바꾸어 마치 눈앞에서 보는 듯이 사실적으로 화폭에 담았습니다. 이러한 사실 묘사를 통하여 성경에 담긴 의미를 정확히 전달하는 데 충실하여 사실주의 회화의 새로운 지평을 열었을 뿐 아니라 당시 예술에 지대한 영향을 끼쳐 많은 추종자를 낳았습니다.

이 그림 또한 그의 화법대로 예수님을 위엄이 넘치기보다는 서민적 풍모를 지닌 장년으로 묘사하고 있으며, 특히 등장 인물들을 과감하게 천대받는 하급 부류의 인물들로 채우고 있습니다. 화면은 오른쪽의 성스러운 인물들과 왼쪽의 세속인 그룹의 인물들로 나누고 이 두 부류의 인물들을 마태를 가리키는 예수님의 손에 의해 이어주고 있습니다. 그러나 이 그림에서 마력적인 힘을 발휘하는 것은 뭐니뭐니해도 실내의 어둠을 가르며 내리쏟은 강력한 빛입니다. 예수님이 실내로 들어오는 쪽에서 쏟아지는 천상의 빛은 창에서 들어오는 지상의 빛을 압도하면서 명암의 대비로 예수님의 등장을 극적으로 드러냅니다. 그분의 얼굴과 손등을 흐르면서 여러 인물들이 얼굴을 드러내주는 빛은 자연스러우면서 상징적인 의미를 던져주고 있습니다.

세 명의 세리들과 칼을 찬 두 명의 앞잡이들이 탁자에 둘러앉아 수금한 돈을 셈하고 있습니다. 늙은 세리는 엉거주춤 서서 안경을 만지며 젊은 청년이 고개를 숙여 셈하고 있는 동전을 내려다봅니다. 그때 마태를 본 예수님이 베드로와 함께 실내로 들어와 오른팔을 뻗어 '너'라고 부릅니다. 베드로는 누구를 가리키는지 몰라 예수님의 흉내를 내며 머무적거리고 있습니다. 앞잡이로 보이는 깃털 모자를 쓴 청년은 놀라서 뚫어져라 그분을 쳐다봅니다. 등을 보이고 앉은 앞잡이 청년도 난데없이 나타난 침입자를 경계심을 가지고 쳐다봅니다. 그런데 베레모를 쓴 세리는 '너'라는 그분의 말을 듣고는 놀라 눈을 크게 뜬 채 "누구, 나요?" 하고 손가락으로 자신을 가리키고 있습니다. 자세히 보면 가리키는 사람이 자신인지 맞은편 사람인지 다소 애매합니다. 마태를 가리키는 그분의 손가락은 소명의 순간이 마치 전류처럼 전해지는 듯하고, 다섯 인물들의 얼굴과 어깨와 다리를 드러내는 빛과 그림자의 분리는 한층 극적인 분위기를 뿜어내고 있습니다.

　마태를 부르는 예수님의 손은 시스티나 예배당의 천장화에 있는 미켈란젤로의 "아담의 창조"에서 하나님으로부터 생명을 얻는 아담의 손을 본뜬 것입니다. 맨발의 예수님과 세리 마태와의 첫 만남의 순간을 빛과 어둠을 이용하여 극적으로 묘사하고 있으며, 강력하고 눈부신 빛은 마태를 하나님의 품으로 인도하는 영혼의 빛으로 바꾸어 놓고 있습니다.

22. 손 오그라든 병자를 고치심

또 다른 안식일에 예수님은 회당에 가서 가르치고 있었습니다. 거기에 오른손이 오그라든 사람이 있었습니다.
율법학자들과 바리새파 사람들이 예수님이 안식일에 사람을 고치는지 보기 위해 살피고 있었습니다. 그들은 예수님을 고소할 거리를 찾으려고 하였습니다. 예수님은 그들의 생각을 알아채고 손이 오그라든 사람에게 말했습니다. "일어나 앞으로 나오너라." 그러자 그 사람이 일어나 앞으로 나왔습니다.
예수님이 그들에게 말했습니다. "너희에게 묻겠다. 안식일에 선한 일을 하는 것이 옳으냐, 악한 일을 하는 것이 옳으냐? 생명을 살리는 것이 옳으냐, 죽이는 것이 옳으냐?" 예수님은 주위에 있는 사람들을 둘러본 후 그 사람에게 말했습니다. "네 손을 내밀어라." 그 사람이 그렇게 하니 그의 손이 회복되었습니다. 그러자 그들은 화가 나서 예수님을 어떻게 처리할까 하고 서로 의논하였습니다.

하나님의 사랑을 왜곡하는 종교적 악습을 나무라다
지체 장애자나 불구자는 자신이 생전에 지은 죄로 말미암아 하나님으로부터 저주를 받아 생긴 것으로 여겼습니다. 그러기에 이들은 사회로부터 버림받고 따돌림을 받아 제대로 사람답게 살지 못했습니다.
  예수님은 이런 장애자는 본래의 모습대로 고침을 받아야 한다고 여겼습니

22. 손 오그라든 병자를 고침 14세기경, 모자이크, 이스탄불 코라 수도원 성당 천장화

다. 몸의 고침은 물론 저주라는 죄의 사슬에서 풀려나 온전한 인간이 되어 새 삶을 살아야 한다고 여겼습니다.

예수님은 이런 장애자의 치유를 자신의 목숨보다 먼저 생각했습니다. 그러기에 그분은 장애자나 병자를 고치기 위해 곧잘 안식일의 율법을 거스르기도 했습니다.

예수님은 계명을 지킨다는 알량한 명분 아래 인간의 삶에 고통을 가하는 악습에 분노했습니다. 그분은 계명의 준수보다는 인간성의 고양을 우선으로 여겼습니다. 하나님의 사랑을 왜곡하는 종교적인 악습, 편협한 신앙심에 대한 거룩한 분노를 토해냈습니다. 안식일을 거스르며 병자를 고치는 것은 아무리 신성한 율법일망정 사람을 위해 존재해야 하고 사람이 우선되어야 한다는 예수님의 장엄한 인권선언이기도 했습니다.

모자이크 - 손 오그라든 병자를 고침

이 그림은 예수님이 병자의 오그라든 손을 펴주는 광경을 그린 14세기경의 모자이크입니다.

4세기경 비잔틴 문화가 발흥하자, 성상의 우상숭배의 문제로 몇 차례에 걸쳐 이콘 논쟁을 벌였습니다. 9세기경에 이콘 공경론자가 마침내 승리하여 교회를 중심으로 기독교 미술이 활기를 띠자 이전까지 부조로 장식되던 자리에 모자이크가 들어서기 시작했습니다. 모자이크는 교회의 내부를 엄숙하고 장엄하게 꾸미는 이상적인 보조 수단으로 유럽에 널리 보급되었습니다. 대체로 성경의 이야기나 예수님의 행적을 주제로 삼아 교회의 천장이나 벽면에 돌이나 유리조각 혹은 조개껍질을 조각조각 교묘히 짜맞추어 그림을 그렸습니다.

기법상의 이유로 사실적이거나 세밀한 정경 묘사보다는 예수님의 극적인 동작이나 눈빛 등을 단순하고 핵심적으로 묘사하여 누구에게나 신앙심을 고양시킬 수 있도록 하였습니다. 특히 돌이나 유리 조각이 지니는 풍부하고 강렬한 색이 채광창으로 들어오는 햇살과 어우러져 천국을 연상하는 신비롭고 환상적인 빛을 연출함으로써 교회를 하나님의 집으로 느끼게 했습니다. 그러기에 모자이크 그림의 기준은 미학보다는 신학이 우선되었습니다.

이 작품은 르네상스가 발흥하는 14세기에 콘스탄티노플의 코라 수도원 천장에 제작된 비잔틴 제국의 최후의 모자이크입니다. 초자연적인 느낌을 주는 황금색을 배경 삼아 다섯 인물을 전면에 배치했습니다. 예수님은 안식일을 무시한 채 성스러운 일을 벌일 것 같은 단호한 표정으로 지체 장애자 앞으로 나아갑니다. 자줏빛과 붉은 빛 옷을 입은 예수님은 수염이 난 얼굴에 머리카락은 어깨에 닿아 있고 머리에는 후광이 빛납니다. 오그라든 손을 내밀며 앞으로 나서는 병자는 기대에 찬 눈빛이 초롱합니다. 그러나 그분 뒤편에는 염려스러운 표정을 짓고 있는 두 제자 사이로 바리새파 사람이 날카로운 눈초리로 그분을 노려보고 있습니다.

이 모자이크는 개인의 감정이나 개성이 배제된 채 인물의 묘사가 다소 치졸한 느낌을 주더라도 돌의 강렬한 빛깔을 이용하여 초월적인 존재인 그리스도의 능력을 분명하고도 핵심적으로 보여주려는 의도를 잘 드러내고 있습니다.

23. 산 위에서 복음을 전하심

> 예수님이 사람들을 보시고 산으로 올라가 앉았습니다. 그러자 제자들이 예수님에게로 다가왔습니다. 예수님은 입을 열어 사람들을 가르쳤습니다.
> "마음이 가난한 사람은 복이 있다. 하늘 나라가 그들의 것이다.
> 슬퍼하는 사람은 복이 있다. 그들이 위로를 받을 것이다.
> 마음이 온유한 사람은 복이 있다. 그들이 땅을 물려받을 것이다…"

산 위에서 제자들에게 하나님 나라의 복음을 전하다

예수님은 산 위에 오른 다음 좌정하여 이제껏 누구에게서도 들어보지 못한 신선한 목소리로 제자들에게 하나님 나라의 복음을 선포하고 있습니다.

복음이란 기쁘고 새로운 소식으로 메시아의 오심을 알리는 뉴스를 말합니다. 예수님이 이 땅에 하나님 나라를 선포하고 나서 제자들에게 어떤 사람이 하나님 나라에 들어갈 수 있는지를 가르치고 있습니다. 불의한 사회체제 안에서 힘있는 자로부터 가혹하게 착취당하고 굶주릴 수밖에 없는 사람들, 가난에 찌들어 현세에서 얻어지는 것이란 고통과 고난뿐인 사람들, 냉혹한 억압과 반목에도 마음이 온유하고 겸손한 성품을 지닌 사람들, 나날이 올바른 인격을 쌓아가는 의로운 사람들 그리고 의로움으로 해서 박해를 받는 사람들이 하나님 나라에 들어갈 것이라는 기쁜 소식을 전하고 있습니다.

23. 산 위에서 복음을 전하는 예수 그리스도 프라 안젤리코, 1438~47년경, 프레스코, 피렌체 산마르코 수도원

예수님이 선포한 하나님 나라는 어떠한 형태의 인간적인 억압과 지배를 초월하는 이상적인 인간의 삶이 실현되는 세계입니다. 예수님은 가난하고 슬퍼하고 의롭고 온유한 마음의 사람들과 하나님 나라를 연결시키면서 제자들에게 구체적인 실천을 통해 전적인 삶의 변화를 촉구했습니다. 전적으로 변화된 삶의 자세로 가까이 오고 있는 하나님 나라를 맞으라고 설파했습니다.

프라 안젤리코 - 산 위에서 복음을 전하는 예수 그리스도
이 그림은 예수님이 산 위에 올라, 둘러앉은 제자들에게 복음을 전하는 모습을 그린 15세기 이탈리아 화가 프라 안젤리코의 작품입니다.

이탈리아 산마르코 수도원이 1437년에서 1452년에 걸쳐 재건될 당시 프라 안젤리코는 기독교 정신을 드러낸 아름다운 프레스코 벽화를 남겼습니다. 이 그림은 그 벽화 중의 하나로서, 수도사답게 종교화의 이념을 그대로 따르면서 표현 양식은 중세를 한 걸음 더 벗어나 비실재적인 요소를 줄이고 필수적인 것만을 대상으로 삼아 사실적으로 접근하고 있습니다.

예수님은 산 위에 올라 권위에 찬 자세로 앉아 오른손을 들어 손가락으로 하늘을 가리키며 제자들에게 하나님 나라가 가까이 왔음을 알려주고 있습니다. 제자들은 그분을 중심으로 둘러앉아 그분의 말씀을 귀기울여 듣고 있습니다. 예수님은 제자들과 적절한 공간 질서를 갖추면서 영적인 기운과 온화한 인품으로 부드러운 위엄을 드러내고 있습니다. 인물들은 초기 르네상스 미술에서 볼 수 있는 자기 확신에 찬 모습보다는 겸허하고 순종적인 모습을 취하고 있습니다.

배경이 되는 바위산의 윤곽은 나무 한 그루 풀 한 포기 없이 매우 거칠고 험하면서 퍼져가는 바위결 모양이 큰 원을 그리면서 화면에 역동감을 부여합니다. 색조는 정제되고 맑은 단색조에 가깝고 선 또한 간결합니다. 반면에

앞 그림의 부분. 헐벗은 산 위에서 예수님이 제자들에게 하늘을 가리키며 하나님 나라가 가까이 왔음을 알려주고 구체적인 실천을 통해서 하나님 나라를 맞으라고 가르치고 있다.

후광을 한 제자들은 안정감 있는 질서 속에 경청하는 자세를 취하고 있으며, 제자 한 사람 한 사람의 윤곽과 옷의 빛깔 그리고 옷주름을 섬세하게 드러내고 있습니다. 또한 인물들은 부푸는 감정을 누르고 있는 듯한 표정으로 말미암아 서정적인 부드러움과 함께 그리스도 정신을 드러내고 있습니다.

이 수도사는 경건한 자세의 인물들과 거칠고 험산 산세를 강하게 대비시키면서 보는 이의 관심을 예수님의 말씀으로 집중시키는 단순하면서도 정적인 기법을 발휘하고 있습니다. 얼른 보아 단순함에 빠질 것 같은 이 그림은 이러한 대비를 통해서 예수님에게로 시선을 모으고 깊은 믿음의 길로 이끄는 뛰어난 성화의 경지를 보여주고 있습니다.

24. 시몬 집에서의 저녁 식사

어떤 바리새파 사람이 예수님에게 함께 식사를 하자고 권하였습니다. 그래서 예수님은 그 바리새파 사람의 집에 가서 식사 자리에 앉았습니다. 그런데 그 마을에 죄인인 한 여자가 있었습니다. 예수님이 바리새파 사람의 집에서 식사한다는 소식을 듣고 향유병을 가지고 갔습니다. 그 여자는 예수님의 발 곁에 서서 울며 눈물로 예수님의 발을 씻겼습니다. 그리고 자신의 머리카락으로 발을 닦고 입을 맞추고 향유를 부었습니다. 예수님을 초대한 바리새파 사람이 이 광경을 보고는 속으로 생각했습니다. '만일 이 사람이 예언자라면 지금 자신을 만지는 이 여인이 죄인이라는 것을 알았을 것이다.'

예수님은 이 여인을 돌아보시며 시몬에게 말했습니다. "이 여인이 보이느냐? 내가 네 집에 들어왔을 때 너는 나에게 발 씻을 물도 주지 않았다. 그러나 이 여인은 자신의 눈물로 내 발을 적시고 자신의 머리카락으로 닦아주었다. 너는 내게 입맞추지 않았지만, 이 여인은 내가 들어왔을 때부터 내 발에 입맞추었다. 그러므로 내가 네게 말한다. 이 여자의 많은 죄가 용서되었다. 이는 이 여자가 많이 사랑하였기 때문이다. 적게 용서받은 사람은 적게 사랑한다."

예수님은 그 여자에게 말했습니다. "네 죄가 용서되었다."

예수님과 식사 자리에 앉아 있던 사람들이 속으로 '이 사람이 누구길래 죄를 용서해 준다고 할까?' 하고 생각했습니다.

눈물로 회개하여 새로운 삶을 얻은 여자

당시 바리새파 사람들은 부정한 여인이 자신의 몸을 만지도록 허락하면 자

24. **시몬 집에서의 저녁 식사** 페터 파울 루벤스, 1618년, 유채화, 상트페테르부르크 에미르타지 미술관 소장

신도 부정하게 된다고 여겼습니다. 그래서 그들의 저녁 식사 자리에 찾아온 죄지은 여자를 속으로 꺼리고 멀리했습니다. 그러나 초대받은 예수님은 오히려 이 여자를 두둔하면서 초대한 손님에게 예의를 갖추지 않은 바리새파 사람을 나무랐습니다. 그들은 예수님에게 발 씻을 물도 주지 않았고 유대 사람의 인사법인 입맞춤도 하지 않았습니다. 그러나 죄지은 여자는 예수님 발아래 엎드려 눈물로 발을 씻어주며 죄의 용서를 빌었습니다.

바리새파 사람은 율법의 편협함에 빠져 옹졸했으나 예수님은 정결 예법을 뛰어 넘어 사랑과 용서의 마음으로 바라보면서 회개하는 여자를 용서했습니다. 사람들은 죄를 짓기 마련이나 예수님은 용서하는 분입니다. 그분은 죄지은 사람을 사랑으로 용서하고 죄의 수렁에서 건져 주십니다.

루벤스 – 시몬 집에서의 저녁 식사

이 그림은 예수님이 시몬의 집에서 저녁 식사를 하는 광경을 소재로 삼은 17세기 플랑드르 화가 페터 파울 루벤스의 작품입니다.

젊은 시절 이탈리아로 수학하여 르네상스 대가들의 작품에서 많은 것을 배우고 고향으로 돌아온 그는 고전적인 아름다움의 이상적인 형태를 지향하는 이탈리아 화풍에 머물지 않고 그의 장대한 구상과 탁월한 표현력으로 플랑드르 미술을 세계의 미술로 격상시켰습니다.

이 그림은 화려한 의상이나 강렬한 빛을 사용하지 않고도 특유의 감각적인 색채와 거침없는 필세로 각기 표정을 달리하는 인물들에게 운동감을 부여하면서 극적인 분위기를 연출하고 있습니다. 바리새파 사람인 시몬의 집에 초대를 받은 예수님과 제자들이 바리새파 사람들과 식탁에 둘러앉아 있습니다. 오른쪽은 예수님과 제자들이, 왼쪽은 바리새파 사람들이, 중앙에는 시몬이 앉아 있습니다. 음식을 나르는 하인들로 식탁은 제법 떠들썩하지만 대부

앞 그림의 부분. 한 여자가 식탁 아래에서 지난날의 죄를 깊이 뉘우치며 흐르는 눈물로 발을 씻어주고 입맞춤을 하면서 예수님에게 용서를 구하고 있다.

분의 인물들은 오른쪽에 앉은 예수님에게로 눈길을 주고 있습니다. 식탁 아래쪽에는 풍만한 어깨를 드러낸 여인이 옥합에 든 값진 향유를 예수님에게 붓고는 바닥에 앉아 지난날의 죄를 깊이 뉘우치며 흐르는 눈물로 그분의 발을 씻어주고 발에 입맞춤을 하고 있습니다. 식탁 위에는 그릇에 담긴 과일이 놓여 있으며, 멀리 아치형 건물 밖으로는 저녁 하늘이 보이고 있습니다.

　이 일상의 식사 자리에서 예수님은 여인의 뉘우침을 보고는 오른손을 내밀어 "네 죄가 용서되었다"고 말하고 축복을 내리고 있습니다. 용서는 오직 하나님의 권능으로 베푸는 것이라고 믿는 바리새파 사람들은 누구길래 남의 죄를 함부로 용서해 준다고 하는지 놀라서 그분을 뚫어져라 바라보고 있습니다. 루벤스는 놀라는 바리새파 사람들과 눈물로 회개하는 여인의 모습을 대비시키면서 용서의 장면을 생생하고도 극적으로 표현하고 있습니다.

25. 풍랑을 잔잔케 하심

그날 저녁이 되자, 예수님은 제자들에게 말했습니다. "호수 건너편으로 가자."
그래서 제자들은 사람들을 남겨두고, 예수님이 배에 타고 있는 그대로 모시고 갔습니다.
그때 매우 강한 바람이 불어와서, 파도가 배 안으로 덮쳐 들어왔고, 물이 배 안에 차게 되었습니다. 예수님은 배 고물에서 베개를 베고 주무시고 계셨습니다. 제자들이 와서 예수님을 깨우면서 말했습니다. "선생님! 우리가 죽는데 돌아보지 아니하십니까?"
예수님이 일어나더니 바람을 꾸짖고 호수에게 명령했습니다. "조용하여라, 잠잠하여라." 그러자 바람이 멈추고 호수가 잔잔해졌습니다.
예수님은 제자들에게 말했습니다. "어째서 너희가 무서워하느냐? 아직도 믿음이 없느냐?"

몰아치는 풍랑을 잠재우다

예수님이 탄 배가 갈릴리 호수를 건너는 도중 갑자기 돌풍이 몰아쳐 파도가 배를 삼킬 듯이 들이칩니다. 자연의 무서운 위력 앞에서 공포를 느끼고 제자들이 황급히 예수님에게 도움을 청합니다. 잠들어 있던 예수님은 깨어나 바다를 향해 꾸짖고 풍랑을 잠재웠습니다.

인생의 바다를 항해할 때면 그 누구도 고난의 풍파를 비껴갈 수는 없습니

25. 폭풍을 잠재우는 예수 그리스도 쥘 조제프 메이니에, 1870년경, 유채화, 파리 캉브레 미술관 소장

다. 때 없이 닥쳐오는 고난에 부딪치면 우리는 먼저 두려워하여 어떻게 해야 할지 갈피를 못잡기 일쑤입니다.

풍랑이 엄습하더라도 우리의 마음속에서 일어나는 두려움을 떨쳐버리고 담대한 마음을 지녀야 풍랑을 이길 수 있는 길을 찾을 수 있습니다. 담대함은 믿음에서 나오는 용기입니다. 믿음을 가지면 담대해집니다. 우리가 새로운 삶을 향해 앞으로 나아가려면 거센 풍랑을 만나고 감당하기 어려운 고난을 맞습니다. 그러나 우리가 고난을 두려워하지 않고 믿음으로 담대해져서 당당하게 맞서 나아간다면 예수님은 반드시 우리의 손을 잡고 고난을 헤쳐 나갈 길을 열어 줄 것입니다.

메이니에 - 폭풍을 잠재우는 예수 그리스도
이 그림은 예수님이 탄 배가 풍랑 속을 항해하는 모습을 주제로 삼은 19세기 프랑스 화가 쥘 조제프 메이니에의 작품입니다.

19세기에 들어서면서 유럽 회화의 중심이 이탈리아에서 프랑스로 옮아가면서 새로운 미술의 가능성이 모색되었습니다. 작가는 당시의 새로운 조류에 영향을 받으면서 한편으로는 지난날의 전통도 몸에 익혔습니다. 이 그림은 건실한 세부 묘사와 밝고 투명한 색상으로 성경의 주제를 무척이나 드라마틱하게 그려내고 있습니다.

돛대가 휠 정도로 바람이 세차게 불고 거센 파도가 배를 삼킬 듯 몰아칩니다. 배는 금방이라도 파도 속으로 빠져들 것 같습니다. 배 위의 사람들은 모두 겁에 질려 있습니다. 배에 탄 사람들은 두 그룹으로 나뉘어 있습니다. 오른쪽 그룹은 쓰러지는 돛대를 붙잡고 안간힘을 쓰는 사람, 펄럭이는 돛을 내리려고 애쓰는 사람, 바람에 날리는 밧줄을 잡으려고 바둥대는 사람이 파도와 싸우고 있습니다. 왼쪽 그룹의 세 사람은 곤히 잠든 예수님을 깨워 도움

앞 그림의 부분.
거센 풍랑 속에서도 배 앞머리에서 곤히 잠든 예수님과 믿음을 잃고 두려움에 허둥대며 도움을 청하는 제자들의 모습이 극적인 대비를 이루고 있다.

  을 청하려고 허겁지겁 다가가고 있으며 나머지 네 사람은 하던 일을 멈추고 예수님 쪽을 바라보고 있습니다.

  겁에 질려 허둥대는 제자들, 흔들리는 배, 몰아치는 파도, 펄럭이는 돛, 날리는 예수님의 망토 등 그림 속의 모든 요소들이 움직임 속으로 요동치고 있습니다. 그런데 오직 후광에 싸여 깊이 잠든 예수님 주위만이 깊은 고요에 싸여 있습니다. 수평선 너머로는 어둠을 뚫고 어슴푸레 새벽이 다가오고 있습니다. 이러한 요소들의 대비가 절묘하게 어우러져 화면은 팽팽한 긴장감 속으로 빠져들고 있습니다.

제2부 | 세상으로 나아가시다   121

26. 앞 못 보는 두 맹인을 고치심

예수님이 회당을 떠날 때 보지 못하는 두 사람이 예수님을 따라오면서 소리 질렀습니다. "다윗의 자손이여, 우리를 불쌍히 여겨 주소서."
예수님이 집안으로 들어가자, 보지 못하는 사람들이 예수님에게 나아왔습니다. 예수님은 그들에게 물었습니다. "내가 너희를 보게 할 수 있다고 믿느냐?" 그들이 대답했습니다. "그렇습니다. 주님."
예수님은 그들의 눈을 만지며 말했습니다. "너희의 믿음대로 너희에게 이루어져라."
그러자 그들의 눈이 뜨였습니다. 예수님은 그들에게 매우 엄중히 일렀습니다. "이 일을 아무에게도 알리지 마라."
그러나 두 사람은 나가서 예수님에 대한 소문을 사방에 퍼뜨렸습니다.

맹인이 눈을 뜨고 잠든 믿음을 깨우다

두 맹인이 자신의 눈을 뜨게 해달라고 예수님을 향해 소리 높여 외칩니다. 거듭 외치는 소리가 그분의 마음을 움직입니다. 그분은 그들의 믿음을 보고 그들이 바라는 대로 눈을 뜨게 해주면서 캄캄하던 삶에 한 줄기 밝은 빛을 던져 주고 있습니다.

믿음이 없는 사람은 자신을 똑바로 보지 못합니다. 눈이 있다 하더라도 눈이 가리어 눈뜬 장님이 되고 맙니다. 그러나 두 맹인은 믿음을 가지고 있었

26. 세상을 보게 된 맹인 14세기경, 모자이크, 이스탄불 코라 수도원 성당 천장화

습니다. 예수님은 부여받은 능력과 넘치는 연민으로 믿음에 응답하듯이 이들의 눈을 뜨게 하여 이들의 마음속에 있던 캄캄한 어둠을 몰아내었습니다. 어둠에 갇혀 있던 믿음을 밝은 햇살로 깨워 온전한 인간으로 세상을 새롭게 살아가게 해주었습니다.

이처럼 예수님은 부여받은 능력을 자신을 위하기보다는 버림받은 이를 위해 무상으로 베풀면서 자신이 행한 일을 세상에 나타내려 하지 않았습니다.

모자이크 – 세상을 보게 된 맹인

이 그림은 예수님이 앞 못 보는 사람을 고쳐주는 모습을 14세기경에 제작한 모자이크입니다.

모자이크는 고대 로마 시대에 제작 기술을 획기적으로 발전시켜 성당이나 공공건물에 널리 사용하였습니다. 당시에 사용하던 안료는 색상과 명도가 그리 뛰어나지 못해 유리, 대리석, 조개껍질 등 자연의 색이 뛰어난 재료를 사용한 모자이크가 성행했습니다.

초기 기독교 시대의 뛰어난 모자이크는 주로 교회의 비호 아래 제작되었으며, 서로마 제국의 수도였던 라벤나에 다수 남아 있습니다. 라벤나 산비탈레 성당에 남아 있는 모자이크는 필요한 요소만으로 간결히 구성하고 등장인물들은 동작을 단순하고 확고히 취하여 주제를 명료하고 분명히 드러내는 새로운 스타일을 보여주었습니다.

12세기에서 14세기에 이르는 후기 비잔틴 시기에 제작된 모자이크는 전하고자 하는 주제를 서술적으로 표현하고 있으며, 예수 그리스도의 초월적인 행적과 성스러운 아름다움을 결합하여 사람의 눈을 끌었습니다. 콘스탄티노플의 코리 수도원에서 볼 수 있는 모자이크는 이러한 경향에 적합하도록 거대한 규모로 지어졌습니다.

이 모자이크 그림은 여러 가지 색깔의 돌이나 유리, 조개껍질, 타일 등을 조각조각 교묘히 짜맞추어 만든 것으로, 주로 천장이나 벽면에 예수님의 행적을 그렸습니다. 모자이크 그림은 창에서 쏟아지는 빛을 받으면 빛이 흡수되지 않고 반사하여 반짝거리기 때문에 햇빛과 모자이크 빛이 서로 어울려 강렬하고 환상적인 빛깔을 발산합니다. 이 빛깔로 말미암아 예배당은 천상을 연상케 하는 신비로운 하나님의 집을 느끼게 해줍니다.

앞 못 보는 두 사람이 나무 밑에서 기다리고 있다가 회당에서 사람들을 가르치고 제자들과 함께 나오는 예수님을 향해 눈을 뜨게 해달라고 애원하고 있습니다. 그분은 그들의 마음가짐과 절실한 소망을 알아보고는 오른손으로 그들의 눈을 만져 못 보던 눈을 뜨게 하여 밝은 세상에서 하나님의 백성으로 새롭게 살아가게 해줍니다.

이 작품은 "손 오그라든 병자를 고침"과 함께 14세기에 제작된 최후의 모자이크로서 병자를 치유하는 그리스도의 능력을 핵심적으로 보여주고 있습니다. 코라 수도원 예배당의 오목하게 들어간 천장에 그린 이 모자이크는 햇빛을 받으면 찬란한 색채로 아름답게 반짝여 보는 이로 하여금 신령한 경지로 빠져들게 합니다.

27. 빵 다섯 개와 물고기 두 마리

예수님이 배에서 내려 많은 사람들이 모여 있는 것을 보았습니다. 예수님은 그들을 불쌍히 여기시고 병든 사람들을 고쳐 주었습니다.

저녁이 되자, 제자들이 예수님에게로 와서 말했습니다. "이곳은 외딴 곳이고, 시간도 너무 늦었습니다. 사람들을 이제 보내어, 마을에 가서 먹을 것을 각자 사도록 하는 것이 좋겠습니다."

예수님은 제자들에게 대답했습니다. "갈 필요가 없다. 너희가 그들에게 먹을 것을 주 어라." 제자들이 대답했습니다. "우리가 가진 것이라고는 빵 다섯 개와 생선 두 마리뿐입니다."

예수님은 말했습니다. "그것들을 내게 가져 오너라."

사람들을 풀밭에 앉게 한 후, 예수님은 빵 다섯 개와 생선 두 마리를 손에 들고 하늘을 바라보며 감사 기도를 드렸습니다. 그 다음에 제자들에게 그것을 떼어 주었고 제자들은 그것을 사람들에게 나누어 주었습니다. 모든 사람들이 먹고 배가 불렀습니다. 먹고 남은 조각들을 거두었더니 열두 바구니에 가득 찼습니다.

가진 것을 서로 나누면 나눌수록 풍성해지는 기적

사람이라면 누구든 빵만으로는 온전히 살지 못하므로 예수님은 많은 사람들에게 말씀의 양식을 들려주었습니다. 그러나 저녁이 되어 그분을 따르는 많은 사람들에게 당장 배고픔을 달래 줄 음식이 있어야 한다는 사실을 알고 있

27. **빵과 물고기의 기적** 모자이크, 6세기경, 라벤나 산타폴리나레 누오보 성당

었습니다. 그런데 제자들이 내놓는 것이라곤 고작 몇 개의 빵과 두 마리의 생선뿐이었습니다. 이것으로 수많은 무리를 먹이기에는 턱없이 모자랐습니다. 그래서 예수님은 제자들에게 가진 것을 내놓고 그것을 나누라고 하였습니다.

예수님은 가진 것을 서로 나누는 일을 중요하게 여겼습니다. 나눔은 여럿이 어울려 자신이 가진 것을 기꺼이 다 내놓고 고루고루 나누는 일입니다. 기쁨은 나눌수록 커지고 희망은 나눌수록 강해지듯이 나눔은 나눌수록 넉넉해지고 풍성해집니다. 이러한 나눔이 누구도 예상치 못한 결과를 가져왔습니다. 예수님은 나눔을 통해서 수많은 배고픈 사람들에게 먹을 것을 해결해 주었습니다. 나눔은 사랑의 능력이었습니다. 아무리 적은 것일망정 내놓고 서로 기꺼이 내놓고 나누면 넉넉해지고 풍성해지는 기적을 일으킵니다.

모자이크 - 빵과 물고기의 기적

이 그림은 예수님이 빵과 물고기에 손을 얹고 감사의 기도를 드리는 광경을 소재로 한 6세기 말경의 모자이크입니다.

모자이크는 고대 때부터 제작되어 왔습니다. 6세기 말엽에 교황권을 확립한 교황 그레고리우스 1세는 기독교 신도들을 위해 회화의 중요성을 인정하고, 성화를 제작할 때 무엇보다도 주제를 분명하고 단순하고 핵심적으로 그려야 한다는 지침을 내렸습니다. 그후 미술가들은 갖가지 풍부한 색채를 띤 돌이나 유리를 교묘히 짜맞추는 모자이크로 교회당 내부를 화려하고 장엄하게 꾸몄습니다.

이 작품은 모자이크 황금시대에 이탈리아 동부의 해안 도시인 라벤나의 한 교회당에서 태어났습니다. 금빛 배경과 녹색 초원 위에서 의식을 치르는 듯한 장면이 드러나고 있습니다. 수염이 없고 머리카락은 길게 늘어뜨린 예수님은 청년의 모습으로 자줏빛 옷을 입고 머리 뒤로 후광을 받으며 화면 중앙에 서 있습니다. 양 옆에 서 있는 제자들은 마치 예물을 바치는 자세로 두 손에 빵과 고기를 받들어 올리고 있습니다.

예수님은 정면으로 서서 양팔을 벌려 보리빵과 물고기에 손을 얹고 하나님께 감사의 기도를 드리고 있습니다. 양옆에 선 네 제자들은 이제 무슨 일이 일어날지 궁금하여 잔뜩 긴장한 채 호기심에 찬 눈으로 빵과 물고기를 바라보고 있습니다.

이 그림은 얼른 보면 사실적인 표현이 모자라고 인물들의 자세도 굳어 있어 다소 원시적이고 유치하게 보입니다. 그러나 돌의 빛깔을 탁월히 사용하여 예수님의 무한한 능력의 증거를 많은 문맹인 신도들에게 단순하고도 핵심적으로 보여 주려는 작가의 의도를 뛰어나게 표현하고 있습니다.

모자이크 그림은 빛의 예술입니다. 이 그림은 빛깔의 수는 많지 않지만 색채는 풍부합니다. 이 때문에 예수님이 입고 있는 옷 색깔이 한 가지 색으로 보이지만 빛을 받으면 푸른 색, 붉은 색으로 다양하게 빛을 내어 바라보는 각도에 따라 그 찬란함이 달라 보입니다. 그림의 구도는 단순하지만 예수님과 제자가 입은 옷주름과 그림자도 색으로 빛나도록 정교하게 제작된 중세 비잔틴 시절의 대표적인 모자이크 작품입니다.

28. 물 위를 걸으심

배는 이미 육지에서 멀리 떨어져 있을 때였습니다. 제자들은 큰 파도와 거친 바람으로 어려움을 겪게 되었습니다. 새벽 3시에서 6시 사이에 예수님은 호수 위를 걸어서 제자들에게 왔습니다.
제자들은 예수님이 호수 위를 걸어오는 것을 보고 겁에 질렸습니다. 그들은 "유령이다!"라고 소리쳤습니다. 너무 무서워서 비명을 지른 것입니다. 예수님은 얼른 그들에게 말했습니다. "안심해라! 나다! 두려워하지 마라."
베드로가 예수님에게 말했습니다. "주여, 정말 주님이시라면 저에게 물 위로 걸어오라고 하소서."
예수님이 말했습니다. "오너라." 베드로는 배에서 내려 물 위를 걸어 예수님에게로 향했습니다. 그런데 베드로는 거센 바람을 보자 겁이 났습니다. 몸이 물에 빠지기 시작하자 소리를 질렀습니다. "주님, 살려 주십시오." 예수님은 즉시 손을 내밀어 베드로를 잡아주며 말했습니다. "믿음이 적은 사람아, 왜 의심하느냐?"
베드로와 예수님이 배 안으로 오르자, 바람이 잔잔해졌습니다.

믿음을 잃는다면 두려움에 지고 만다

밤중이었습니다. 제자들이 호수 가운데에서 거친 풍랑을 만나 곤경에 빠지자 예수님은 그들을 도와주려고 호수 위를 걸어 그들에게로 다가갔습니다. 제자들은 그분을 보고는 유령인 줄 알고 질겁을 하자, 그분은 그들을 안심시켰습니다. 그제서야 베드로가 그분을 알아보고는 저도 물 위를 걸어보겠다

28. 물 위를 걷는 예수 그리스도 자코포 틴토레토, 1560년, 유채화, 워싱턴 국립 미술관 소장

면서 물로 뛰어들었으나 몇 걸음 못 가서 물속으로 빠지고 말았습니다.

    예수님은 제자들에게 믿음으로 담대해지기를 요구했습니다. 누구나 믿음을 가지면 담대해져 엄청난 존재가 됩니다. 날로 믿음으로 담대함을 더해 간다면 우리 스스로가 엄청난 능력의 존재로 변하여 우리 앞에 닥치는 어떤 어려움도 헤쳐 나갈 수 있게 됩니다. 그러나 믿음을 잃고 두려움에 휩싸인다면 베드로처럼 곧 실패의 늪 속으로 빠지고 말 것입니다. 제자라 하더라도 그분에 대한 믿음이 없이는 어떤 일도 할 수 없으며 반면에 그분에 대한 믿음으로 담대해지면 할 수 없는 일도 할 수 있게 됨을 상기시켜 주고 있습니다.

틴토레토 – 물 위를 걷는 예수 그리스도

이 그림은 호수 위를 걸어오는 예수님을 소재로 한 16세기 후반의 이탈리아 화가 자코포 틴토레토의 작품입니다.

    미술의 혁신가들은 종종 기법의 완성도보다는 내용의 핵심적인 요소에 중점적인 관심을 기울였습니다. 그는 후기 르네상스를 잇는 티치아노로부터 색채를 물려받았으나 단순한 아름다움의 표현에 대해서는 강한 거부감을 보였습니다. 그는 질서와 조화를 위한 형식적인 규범을 찾는 고전적인 태도에서 벗어나 대담한 필치와 윤곽을 흐릿하게 처리하는 채색 기법 그리고 명암의 대비로 혁신가답게 특유의 작품 세계를 창조했습니다.

    이 그림은 그의 개성을 잘 보여주고 있습니다. 성경의 이야기를 고전적인 방식에서 벗어나 긴장감과 극적인 분위기를 느낄 수 있도록 의도적으로 화면을 다소 거칠게 처리하고 예수님의 동작을 대담하게 드러냄으로써 핵심적인 것을 격정적으로 표현하고 있습니다.

    하늘에는 먹구름이 잔뜩 덮여 있고 큰 파도와 거친 바람이 배를 삼킬 듯이 울부짖고 있습니다. 격렬한 파도의 요동 사이로 땅빛이 비치는 듯합니다. 그

앞 그림의 부분. 거친 파도에 못 이겨 배는 요동을 치나 기슭에 핀 나뭇잎과 꽃은 고요하여 흔들림이 없다.

런데 예수님은 태연히 물 위를 걸어오면서 오른손을 들어 불안에 떠는 제자들을 안심시켜 줍니다. 옆모습으로 물 위를 걷는 그분의 발은 초록빛입니다. 예수님의 꼿꼿한 자세와 허둥대는 제자들 사이에 격렬한 파도를 두어 대비시켜 놓았습니다. 돛대까지 휠 정도로 세차게 부는 바람과 출렁이는 파도에 배는 방향을 잡지 못하고 기우뚱거리나 베드로만은 그분의 품속으로 빨려들듯이 물 위로 내려서고 있습니다. 이런 정경도 아랑곳없이 오른편 나뭇가지에 핀 꽃과 잎사귀는 고요에 싸여 있습니다.

　전체 화면을 어두운 푸른 색조로 채우면서 거칠게 일렁이는 파도와 태연한 그리고 수평선 너머로 보이는 먹구름과 희미하게 밝아오는 여명을 어둠과 밝음으로 예리하게 대비시켰습니다. 아울러 그의 독특한 원근법을 구사하여 의연하고 당당한 예수님의 모습을 극적이고도 긴장감 높게 표출해 내고 있습니다.

29. 영광스러운 모습으로 변하심

예수님은 베드로와 야고보와 요한 세 제자를 데리고 따로 높은 산에 올라갔습니다. 그들 앞에서 예수님의 모습이 변화되었습니다. 예수님의 얼굴은 해처럼 빛나고, 옷은 빛처럼 희게 되었습니다. 그때 모세와 엘리야가 나타나 예수님과 함께 말씀을 나누었습니다.

베드로가 예수님께 말했습니다. "주님, 우리가 여기 있는 것이 좋겠습니다. 원하신다면 제가 여기에 천막 세 개를 세우겠습니다. 하나는 주님을 위해 또 하나는 모세를 위해, 그리고 마지막 하나는 엘리야를 위해서 말입니다." 베드로가 말하는 동안 갑자기 빛나는 구름이 그들 위를 덮고 그 속에서 "이는 내가 사랑하며 기뻐하는 아들이다. 너희는 그의 말을 들어라!"하는 소리가 들려왔습니다.

제자들은 이 소리를 듣고 얼굴을 땅에 대고 엎드리며 무서워하였습니다.

제자들에게 자신의 신성을 몸소 계시하다

예수님은 중대한 결심을 하고 높은 산 위에 올라 베드로, 야고보, 요한의 세 제자들 앞에서 이제까지 드러내지 아니한 자신의 신성을 몸소 보여주었습니다. 그분의 얼굴, 그분의 옷이 해처럼 찬란히 빛났습니다. 하나님의 빛으로 그분의 영광을 엿보게 해주었습니다. 그러자 하늘에서 영광을 누리는 구약성경의 두 기둥인 모세와 엘리야도 보좌하듯이 예수님 곁에 나타났습니다.

29. 예수 그리스도의 변모 산티 라파엘로, 1520년, 유채화, 바티칸 미술관 소장

베드로는 이때의 예수님을 계속 볼 수 있도록 예배 처소를 차리고 싶어 했으나 이곳은 예배 처소를 차릴 만한 곳이 아니라는 것을 알지 못했습니다. 다시금 예수님에게 하나님의 빛이 임하면서 구름 속에서 하나님이 제자들에게 예수가 당신의 아들이란 정체를 밝히고 예수의 말을 명심해서 들으라고 당부했습니다. 그러나 제자들은 얼굴을 땅에 대고 존경과 두려움을 나타냈을 뿐 하나님의 당부의 말씀을 전혀 알아듣지 못했습니다.

라파엘로 - 그리스도의 변모
이 그림은 예수님이 영광스럽게 변하는 모습을 소재로 삼은 16세기 전성기 르네상스의 이탈리아 화가 산티 라파엘로의 작품입니다.

그의 작품은 겉으로는 단순하고 감미롭게 보이나 자세히 들여다보면 깊은 사색과 세심한 계획 그리고 뛰어난 재능이 어울려 그만의 독특한 세계를 창조하고 있습니다. 인물 묘사에서 보더라도 외형적인 특징은 물론 내면의 정신에까지 파고들어 초상화 예술의 가장 높은 수준에 다다르고 있습니다.

이 그림은 크게 위와 아래 두 부분으로 구성되어 있습니다. 위 부분은 높은 산의 정상에서 예수님은 성스러운 빛 가운데 자신의 참모습을 나타내면서 두 팔을 들어 올리고 하늘로 떠오릅니다. 예수님 좌우에는 십계명이 적힌 석판을 든 모세와 예언서를 든 엘리야가 후광을 받으며 보좌하고 있습니다. 눈부시게 변하는 예수님의 찬란한 빛에 놀란 세 제자들은 두려움에 떨며 차마 바로 올려다보지 못하고 땅에 엎드려 있습니다. 저 멀리 언덕 너머로 동이 트고 있습니다. 예수님을 중심으로 다섯 인물들은 원의 구도를 하고 있으며, 맨 왼쪽의 무릎 꿇고 있는 두 사람은 이 그림의 의뢰인으로 보입니다.

그림 아래 부분은 귀신들려 사지가 뒤틀린 아들을 부축하고 있는 아버지가 제자들에게 고쳐 달라고 애원하고 있고, 어머니는 무릎을 꿇고 아들을 가리

앞 그림의 부분.
예수님이 산으로 올라
성스러운 빛 가운데 찬란하고
영광스럽게 변모하는 자신의
참모습을 제자들 앞에
드러내고 있다.

키며 애절하게 제자들의 도움을 청하고 있습니다. 그러나 제자들은 민망하고 당혹스러워 병을 고칠 수 있는 분은 오직 예수님뿐이라고 제자 중의 한 사람이 위쪽으로 손을 들어올려 그분을 가리키고 있습니다. 이 손이 이 그림의 위 아래 부분을 연결시켜 주는 고리 역할을 하고 있습니다.

　이 작품은 많은 인물들의 표정과 몸짓의 빼어난 묘사, 다양한 색상 그리고 영광스러움과 당혹스러움의 두 부분을 뛰어나게 결합시켜 장중함과 함께 긴장감을 높이고 있는 라파엘로의 최후의 걸작입니다. 이 그림은 오랫동안 조수의 손에 의해 마무리된 것으로 여겨졌으나, 복원 결과 라파엘로가 직접 완성한 마지막 작품으로 밝혀졌습니다.

30. 간음하다 잡혀 온 여자

율법학자들과 바리새파 사람들이 간음하다가 현장에서 잡힌 여자 한 명을 끌고 와서 모인 사람들 앞에 세우고 예수님에게 물었습니다. "선생님, 이 여인이 간음하다가 현장에서 붙잡혔습니다. 모세는 율법에서 이런 여자는 돌로 쳐 죽이라고 우리에게 명령하였습니다. 그런데 선생님은 뭐라고 말씀하겠습니까?" 그들은 예수님을 고소할 구실을 얻기 위해 이렇게 시험하였습니다. 그러나 예수님은 몸을 굽혀 손가락으로 땅에 글을 썼습니다. 사람들이 그 자리에 서서 계속 묻자 예수님은 몸을 일으켜 그들에게 말했습니다. "너희들 중에 죄 지은 적이 없는 사람이 먼저 이 여인에게 돌을 던져라." 사람들은 이 말을 듣자, 나이 많은 사람부터 시작하여 하나둘씩 떠나가고 예수님과 거기 홀로 서 있는 여인만 남게 되었습니다.
예수님은 그 여인에게 말했습니다. "여자여, 너를 고소하던 사람들이 어디 있느냐? 아무도 너를 정죄하지 않았느냐?" 여인이 대답했습니다. "주님, 아무도 없습니다." 그러자 예수님이 말했습니다. "나도 너를 정죄하지는 않는다. 가거라 그리고 다시는 죄를 짓지 마라."

율법에 매인 사람들의 마음속에 숨겨 놓은 죄를 들추다

결혼을 하여 남편이 있지만 몰래 간음을 한 여인을 바리새파 사람들이 끌고 와서 예수님에게 처벌 방법을 물은 것은 예수님을 시험하기 위해서였습니다. 만일 예수님이 대답을 피하면 마땅히 주어야 할 벌을 주지 않는 율법의

30. 간음하다 잡혀 온 여인 렘브란트 반 레인, 1644년경, 유채화, 런던 국립미술관 소장

불경죄를 범하게 됩니다. 예수님의 대답이 율법대로 그 여자를 돌로 치라고 하면 로마법을 어기는 것이요, 돌로 치지 못하게 하면 율법을 거스르는 것이 됩니다. 바리새파 사람들은 이렇게 그분에게 난처한 질문을 던져 대답에 따라 고소할 구실을 찾았습니다.

그러나 예수님의 대답은 이들이 기대했던 것과 달랐습니다. 그분은 마음의 깨끗함을 중히 여겨, 남의 눈에 보이게 밖으로 짓는 죄와 마찬가지로 눈에 보이지 않게 제 마음 안으로 짓는 죄 또한 죄라고 여겼습니다. 눈에 보이지 않는 죄는 언젠가는 화려한 욕망의 옷을 입고 행동으로 나타나기 때문입니다. 그래서 바리새파 사람들과 율법학자들을 향해 이제껏 진정 죄지은 적이 없느냐고 되물으면서 그들 마음속에 숨겨놓은 죄를 들추어냈습니다. 남을 심판하려면 벌주기에 앞서 자신의 마음을 먼저 깨끗이하라고 상기시키면서 예수님은 여인에게는 죄를 용서하여 주었을 뿐 아니라 당시의 도덕적 기준을 문제삼았습니다.

렘브란트 – 간음하다 잡혀 온 여인

이 그림은 간음하다 잡혀 예수님 앞에 데리고 온 여자를 소재로 삼은 17세기 네덜란드 화가 렘브란트의 작품입니다.

루벤스와 달리, 렘브란트는 이탈리아를 여행할 기회를 갖지 못했으나 일찍부터 베네치아 화파의 영향을 받아 빛의 중요성을 깨달았습니다. 그는 빛을 어둠과 대비시키면서 능숙하게 극적인 효과를 높였습니다. 어둠 속으로 조명하듯이 빛을 비추어 그 빛 속으로 인물과 장면을 드러내면서 극적인 긴장감을 고조시키고 있습니다. 빛을 이용한 이러한 표현 방식은 네덜란드 회화에 혁신적인 변화를 가져왔습니다. 이 그림 또한 화면 전체를 빛과 어둠으로 대비시켜 놓았습니다. 어둠이 깔린 바로크식 교회 안에 마치 드넓은 무대를 연상시키듯이 빛이 두 세계를 비추고 있습니다.

  빛이 좀더 엷게 비추는 상단의 세계에서는 높고 화려하게 장식된 재판정에서 무릎을 꿇은 두 남녀가 엄숙히 재판을 받고 있습니다. 위쪽보다 좀더 밝은 하단의 세계는 군중들 앞에 무릎을 꿇고 앉아 수치의 눈물을 흘리는 간음한 여인을 두고 바리새파 사람과 율법학자들이 예수님에게 처벌 방법을 물으며 다그치고 있습니다. 하얀 옷을 입고 눈물을 흘리는 여인, 안쓰러운 눈길로 여인을 내려다보는 예수님, 예수님의 대답을 기다리며 노려보는 여러 등장인물들이 서로 어울려 사건의 분위기를 사뭇 긴장시키고 있습니다. 오른쪽에는 붉고 화려한 옷을 입은 율법학자와 바리새파 사람들이 자못 위압적인 모습으로 의구심을 드러내고 있고, 그들 사이로 여인의 옷자락을 거머쥔 로마 군인이 예수님을 노려보고 있습니다. 왼손을 가슴에 얹고 예수님이 측은한 표정으로 여인을 내려다보며 대답하려 하고 있습니다.

  빛은 예수님을 거쳐 여인 주위로 모이면서 여러 인물들을 드러내고 색조는 대체로 따뜻하면서 신비로운 느낌을 주고 있습니다. 화면은 용서할 줄 모르는 상단의 엷은 빛의 세계와 회개하고 용서를 받는 하단의 밝은 빛의 세계를 조명의 효과로 대비시키면서 간음한 여인의 눈물과 수치심을 도식적이기보다는 보통 인간의 일상적인 감정으로 생생하게 표현하고 있습니다.

31. 선한 사마리아 사람

어떤 율법학자가 자기를 옳게 보이고 싶어서 예수님에게 말했습니다. "그러면 누가 제 이웃입니까?"

예수님은 대답했습니다. "어떤 사람이 예루살렘에서 여리고로 가고 있었다. 그런데 도중에 강도를 만나 입고 있던 옷을 모두 빼앗기고 얻어맞아 실신한 채 길에 쓰러져 있었다. 마침 한 제사장이 그 길을 가다가 그 사람을 보고는 길 반대편으로 피해서 지나갔다. 어떤 레위 사람도 그곳을 지나가다가 그 사람을 보고는 길 반대편으로 피해서 지나갔다. 이번에는 어떤 사마리아 사람이 그곳을 지나가다가 그를 보고 불쌍하게 여겼다. 그래서 그 사람에게로 가서 그의 상처에 올리브 기름과 포도주를 발라주고 붕대로 감쌌다. 그리고 그를 자기의 나귀에 태우고 여관으로 데리고 가서 그를 정성껏 보살펴 주었다. 다음날 그는 은화 두 닢을 여관 주인에게 주면서 말했다. 이 사람을 잘 보살펴 주세요. 만일 돈이 더 들면 내가 돌아올 때 갚겠습니다."

이야기를 마친 예수님은 물었습니다. "나는 이 세 사람 중에서 누가 강도를 만난 사람의 이웃이라고 생각하느냐?" 율법학자는 대답했습니다. "그에게 자비를 베풀어 준 사람입니다."

그러자 예수님은 그에게 말했습니다. "가서 똑같이 하여라."

사랑해야 할 우리의 이웃은 누구일까?

예수님은 자신의 뜻을 펼 때, 율법학자나 랍비가 쓰는 강론적인 언어를 쓰지

31. 선한 사마리아 사람 빈센트 반 고흐, 1890년, 유채화, 오텔로 크랄라 뮐러 미술관

않고 일상적인 언어로 말했습니다. 배우지 못한 사람들까지도 쉽게 알아들을 수 있도록 즐겨 비유를 들어 말했습니다. 비유란 어떤 사실을 누구나 쉽게 알아듣도록 들려주는 교훈이 담긴 짧은 이야기를 말하며, 하나님 나라의 복음을 전하는 예수님 특유의 교육방법입니다.

이 비유는 하나님을 사랑하고 이웃을 사랑하라는 율법을 잘못 생각하고 있는 한 율법학자에게 예수님은 진정한 이웃이 누구인가를 가르치고 있습니다.

강도를 만나 반죽음 상태가 되어 길에 누워 있는 유대인을 멸시받는 낮은 신분의 사마리아 사람이 보고서 불쌍히 여겨 자신이 가진 것들로 아낌없이 보살펴 주었습니다. 그런데 하나님을 섬기는 신분인 제사장과 레위 사람처럼 부상자를 일부러 못 본 채 피한다면 하나님을 섬기는 올바른 태도가 아니며 또한 이웃을 사랑하는 태도가 아닙니다. 이 비유는 신분이 다른 두 계층의 사람을 대비시키면서 내가 사랑해야 할 이웃이 누구인가를 사마리아 사람의 행동을 통해 구체적으로 일러주고 있습니다. 특히 이웃에 대한 사랑이 단 한 번의 보살핌으로 그쳐서는 안된다는 것을 강조하고 있습니다.

당시 유대 사람은 사마리아 사람을 이웃으로 여기지 않았습니다. 유대 사람은 사마리아 사람을 이방인으로 업신여기고 멸시했습니다. 예수님은 신분이나 민족 그리고 종교의 울타리를 허물고 마음의 벽을 넘어서서 병든 자, 의지할 데 없는 자, 버림받은 자, 죄인, 대우받지 못하는 여성을 사랑하는 것이 바로 이웃을 사랑하는 것이라고 깨우쳐 주고 있습니다.

고흐 - 선한 사마리아 사람

이 그림은 선한 사마리아 사람에 대한 비유를 소재로 삼은 19세기 네덜란드 화가 빈센트 반 고흐의 작품입니다.

네덜란드 목사의 아들로 태어난 그는 생애의 마지막 십 년간을 정신적 위기와 절망을 딛고 예술에 대한 불 같은 열정 속으로 자신을 내던졌습니다. 그는 강한 햇살과 색채가 넘치는 남프랑스의 자연 풍광에 매료되기도 하고, 소박한 마을사람과 어울리며 일상적인 평범한 소재를 가식없이 그리기도 했습니다. 그의 그림은 비할 바 없이 강렬하고도 섬세하고 치밀했습니다. 그는 대상에 대한 정확한 묘사보다는 대상에 대해 느끼는 자신의 감정을 숨김없이 전달하려고 고심했습니다. 그리하여 그는 자유분방하고 거친 붓놀림으로 순색의 점을 두텁게 칠하여 형태에 생동감을 불어넣으면서 자신의 격앙된 감정을 화폭에 담았습니다.

  그가 최후를 보낸 생레미 요양원에서 요양하고 있을 때 밀레, 렘브란트의 그림을 모사했으며, 이 그림 또한 낭만주의 회화의 거장인 들라크루아가 이 소재로 그린 작품을 떠올리며 영감을 얻어 자신의 방식대로 그린 것입니다.

  고흐가 즐겨 사용한 황금색의 옷을 걸친 사마리아 사람이 허리와 어깨에 온 힘을 주어 부상자를 나귀에 태우고 있습니다. 부상자는 사마리아 사람에게 온몸을 맡겨 깊은 믿음을 나누듯 서로 의지합니다. 강도와 레위 사람은 부상자를 피해서 험준한 산과 계곡으로 된 배경 속으로 사라지고 있습니다.

  대상의 윤곽에는 직선이 없고, 옷주름과 나귀의 모습 그리고 계곡과 계곡으로 난 길이 다 꾸불꾸불합니다. 필치가 너무도 강해 붓자국의 힘이 그대로 드러나면서 과감한 색상과 어울려 전면의 두 인물의 역동성을 더해 줍니다.

  이 그림은 고독과 실의에 찬 날들을 보내던 고흐가 삶에 대한 고뇌를 드러내기보다는 오히려 인간에 대한 강한 신뢰를 보여주고 있습니다. 또한 밝고 두터운 색채와 활달한 붓놀림으로 마음 깊은 곳에서 솟아오르는 강렬한 감정을 숨김없이 드러내면서 작가 특유의 생명감과 연민을 엿보게 합니다.

32. 잃어버린 한 마리의 양

많은 세리들과 죄인들이 말씀을 들으려고 예수님에게 가까이 나왔습니다. 바리새파 사람들과 율법학자들이 수군거리기 시작했습니다. "이 사람이 죄인을 받아들이고 함께 먹기까지 한다."
그러자 예수님은 그들에게 이 비유를 말했습니다.
"너희 중에 어느 사람이 양 백 마리가 있는데 그 가운데 한 마리를 잃었다고 하자. 그러면 그는 아흔아홉 마리의 양을 들판에 남겨두고 잃은 양을 찾을 때까지 찾아다닐 것이 아니냐? 그리고 양을 찾으면 양을 어깨에 메고 기뻐할 것이다. 집으로 돌아오는 길에 친구들과 이웃을 불러 말할 것이다. '함께 기뻐하자. 잃었던 양을 찾았다.'
내가 너희에게 말한다. 하늘에서는 회개할 필요 없는 아흔아홉 명의 의인보다 회개하는 죄인 한 명을 두고 더 기뻐할 것이다."

죽음도 마다하지 않고 우리를 지켜주는 선한 목자

이 비유는 목자의 사랑, 곧 하나님의 사랑을 일러주고 있습니다. 울타리 밖으로 뛰쳐나간 한 마리 양을 찾아나선 목자가 골짜기와 덤불을 헤치고 기어이 잃어버린 양을 찾아 데려오는 목자의 모습을 보여주고 있습니다. 만약 잃은 양을 찾지 못한다면 그 양은 종내 사나운 짐승에게 잡아먹히고 말 것입니다. 예수님은 선한 목자를, 양들은 하나님의 백성들을 시사하고 있습니다. 세리

32. 선한 목자 소(小) 루카스 크라나흐, 1584년경, 나무판의 유채화, 비텐베르크 교구의 교회 소장

나 죄인들처럼 하나님으로부터 멀리 떨어져 잘못된 길을 걷는 한 사람이 회개하여 하나님께로 돌아오는 것을 하나님은 더욱 기뻐하십니다.

우리 인간은 덤불 속에서 길을 잃고 헤매는 양과 같습니다. 예수님은 길을 잃거나 구렁텅이에 빠진 이들까지 더없이 귀한 존재로 여기고 사랑했습니다. 그래서 늑대로부터 양들을 지키는 목자처럼 그분은 닥쳐오는 위험을 무릅쓰고 우리들을 지켜주며 우리들을 지키기 위해 죽음마저도 마다하지 않았습니다.

소 루카스 크라나흐 - 선한 목자

이 그림은 잃어버린 한 마리 양을 찾아 어깨에 메고 돌아오는 예수님을 소재로 한 16세기 독일의 화가 소 루카스 크라나흐의 작품입니다.

그는 아버지의 뒤를 이어 독일 작센 선제후의 전속 궁정화가로 활동하였으며, 아버지와 함께 개신교 이념에 봉사였습니다. 작센 선제후는 당시 신성로마제국의 황제와 종교적 갈등을 일으켜 엄청난 고초를 겪기도 했습니다. 이 화가 부자는 작센 선제후에 대한 충성심을 버리지 않았으며, 마르틴 루터의 종교개혁의 소용돌이 속에서 16세기 이탈리아 르네상스 미술과는 다른 북유럽의 지방 특색이 농후한 성화를 제작했습니다.

이 그림은 독일의 아름다운 전원 풍경을 배경삼아 종교개혁을 지지하는 지방 귀족의 취향에 맞추어 지방 특색을 면밀히 드러내고 있습니다. 잃어버린 한 마리의 어린 양을 찾아 어깨에 메고 돌아오는 선한 목자인 예수님 뒤편으로 북유럽 특유의 신비스럽고 평화스러운 비텐베르크 전원 풍경이 펼쳐져 있고, 왼편으로는 고풍스러운 성의 모습이 우뚝 솟아 있습니다.

예수님의 양편으로는 이 그림의 의뢰자와 그의 대가족이 두 손을 모으고 꿇어앉아 있습니다. 이 의뢰자는 16세기 비텐베르크의 지도자로서, 당시 그

앞 그림의 부분.
하나님은 죄짓고 잘못된 길을
걷는 한 사람이 회개하여 하나님
품으로 돌아오는 것을 특히
기뻐하심을 잃어버린 한 마리의
양을 찾아 어깨에 메고 돌아오는
목자의 기쁨으로 비유했다.

곳에서 활동하고 있던 크라나흐의 후원자이기도 합니다. 그는 귀족 신분에 걸맞지 않는 검은 빛의 검소한 옷차림을 하고 당시 독일에서 일어났던 종교개혁운동에 부응한 개신교 신자로서 깊은 신앙심을 나타내고 있습니다. 그리고 아들과 손자에 이르는 유복한 이 대가족은 어진 목자인 예수님이 돌보는 영적인 양 중의 일부임을 은연 중에 드러내면서 가족의 안녕을 기원하고 있습니다. 우뚝 선 예수님을 화면 중앙에 두고 의뢰자 가족과 전원 풍경을 수평으로 층을 이루게 하여 십자형 구도를 취하면서 절제된 채색으로 개신교의 검소함을 드러낸 이 그림은 북유럽 미술의 특색이 잘 드러난 성화의 또 다른 성취를 보여주고 있습니다.

33. 방탕한 아들의 돌아옴

예수님이 들려주신 또 다른 이야기입니다.

어떤 사람에게 두 아들이 있었다. 작은아들이 아버지에게 말했다. "아버지, 제가 받을 몫의 재산을 주십시오." 그러자 아버지는 재산을 두 아들에게 나누어 주었다. 며칠 뒤에 작은아들은 모든 재산을 챙겨서 먼 나라로 떠나버렸다. 거기서 그는 그곳에서 방탕한 생활을 하다가 재산을 다 날려버렸다.

모든 것을 다 써버렸을 때, 그 마을에 큰 흉년이 들었다. 그래서 그는 아주 가난하게 되었다. 그는 그 마을에 사는 한 사람에게 가서 더부살이를 하였다. 집 주인은 그를 들판으로 보내 돼지를 치게 하였다. 그는 돼지가 먹는 쥐엄나무 열매를 먹어 배를 채우고 싶은 마음이 간절했다. 그러나 주는 사람이 없었다.

그제서야 그는 정신이 들어 말했다. "내 아버지의 품꾼들에게는 양식이 풍족하여 먹고도 남는데 나는 여기서 굶어 죽는구나. 일어나 아버지께 돌아가 말해야겠다. 아버지, 저는 하나님과 아버지 앞에 죄를 지었습니다. 저는 더 이상 아버지의 아들이라고 불릴 자격이 없습니다. 저를 아버지의 품꾼 중의 하나로 여기십시오." 그 아들은 일어나 아버지에게로 갔다. 그 아들이 아직 먼 거리에 있는데, 아버지가 그를 보고 불쌍히 여겨 달려가 아들을 끌어안고 입을 맞추었다. 아들이 아버지에게 말하였다. "아버지, 저는 하나님과 아버지 앞에 죄를 지었습니다. 저는 아버지의 아들이라고 불릴 자격이 없습니다." 그러나 아버지는 종들에게 말했다. "서둘러 가장 좋은 옷을 가져와서 아들에게 입혀라. 또 손가락에 반지를 끼워주고 발에 신발을 신겨라. 그리고 살진 송아지를 끌고와서 잡아라. 우리가 함께 먹고 즐기자. 내 아들이 죽었다가 다시 살아났고, 잃어버렸다가 다시 찾았다." 그래서 그들은 함께 즐기기 시작했다.

33. **탕자의 돌아옴** 렘브란트, 1668년경, 유채화, 상트페테르부르크 에미르타지 박물관 소장

회개하여 돌아온 아들을 지극한 사랑으로 받아들이다

이 이야기는 잘못을 뉘우치고 회개하는 자의 구원의 과정을 보여주고 있습니다. 아버지에게서 상속받은 재물을 먼 타국에서 방탕한 생활로 마구 써버리고 빈털터리로 온갖 고생을 겪고 나서야 깊이 뉘우쳐 아버지 품으로 다시 돌아오는 아들을 지극한 사랑으로 따뜻이 받아들이는 아버지의 이야기입니다.

방탕한 아들은 마땅히 아버지의 심판과 처벌을 받아야 합니다. 그러나 아버지는 아들에게 지난날의 잘못을 나무라거나 책망하지 않습니다. 새로운 다짐도 요구하지 않습니다. 아들이 잘못을 빌기보다 먼저 아버지가 아들을 용서합니다. 오로지 조건없이 따뜻이 받아들일 뿐입니다. 잃어버린 아들을 다시 찾은 기쁨에 넘쳐 아버지는 돌아온 아들에게 예전의 지위를 회복시켜 주고 즐거운 잔치로 새로 태어난 아들을 축복합니다.

참다운 회심은 우리들의 지은 죄가 회개를 통해 복된 잘못이 되어 우리들을 이 세상에 속한 상태에서 하나님에 속한 상태로 옮아가는 것임을 예수님은 이 비유를 들어 깨우쳐주고 있습니다.

렘브란트 – 탕자의 돌아옴

이 그림은 방탕한 아들이 아버지에게로 돌아옴을 소재로 삼은 17세기 네덜란드 화가 렘브란트 반 레인의 작품입니다.

그는 집 나간 아들의 방탕한 생활의 모습을 그리기보다는 헐벗은 채 돌아온 아들을 따뜻이 받아들이는 아버지와의 만남을 그리고 있습니다.

무모하게 떠났던 아들을 한마디 꾸중도 없이 무조건적인 용서로써 따뜻하게 감싸안은 아버지의 손에 이 그림의 초점이 맞추어져 있습니다. 아버지의 두 손은 의도적으로 다소 달리 그렸습니다. 왼손은 마디가 굵고 남성적인 반면 오른손은 부드럽고 여성적입니다. 아버지의 엄함과 어머니의 자비로움을 함께 지닌 하나님의 성품에 대한 비유적인 표현입니다. 자비로움을 느끼게 하는 아버지의 오른손이 아들의 겉옷과 색상이 비슷하여 두 사람의 깊은 유대감을 보여주고 있습니다. 아버지 어깨에 걸친 붉은 망토는 관용을 암시하고, 박박 깎은 머리로 아버지 품속에 얼굴을 묻고 있는 아들의 뒷모습은 용서를 비는 참회의 모습입니다. 상처투성이의 발바닥을 드러내며 무릎을 꿇은 아들의 누더기 옷과 해어진 신발은 그동안 겪었던 험한 고생을 생생하게 일러주고 있습니다. 밝음과 어둠을 대비시키면서 인간의 영혼으로 파고드는 빛은 연민에 찬 아버지의 얼굴과 손등, 그리고 아버지 품에 안긴 아들의 등에 모여 한 덩어리가 되어 있습니다.

오른쪽에는 옅은 어둠 속에서 혼란스런 표정으로 큰아들이 서 있고, 그 곁으로 앉아서 가슴을 치는 남자와 종으로 보이는 여자가 이 광경을 말없이 지켜보고 있습니다.

이 그림은 장식적이고 서술적인 요소를 거의 배제하고 거친 붓놀림과 빛나는 색상으로 용서에 대한 가치를 드높이고 있습니다. 한마디 나무람도 없이 동정어린 표정으로 아들을 따뜻이 맞아주는 아버지의 자비로운 모습과 회개하고 아버지의 품으로 돌아오는 아들이 자아내는 인간에 대한 무한한 연민이 한데 어우러져 진정 사랑과 용서가 무엇인지를 깨우쳐 주면서 이제껏 누구도 다다르지 못한 성화의 최고 경지를 보여주고 있습니다.

34. 맹인이 맹인을 인도함

바리새파 사람과 율법학자들이 예수님에게 와서 물었습니다.
"당신의 제자들은 어째서 장로들이 우리에게 전하여 준 법을 지키지 않습니까?"
예수님은 이들에게 대답했습니다. "너희는 어째서 장로들의 전통을 지키려고 하나님의 명령을 지키지 않느냐? 너희들이 지키는 전통을 빌미로 삼아 하나님의 말씀을 무시하고 있다. 위선자들아! 이사야가 너희에 대해 이렇게 예언한 것이 옳다. '이 백성들이 입술로는 나를 공경하나, 마음은 내게서 멀구나. 헛되이 내게 예배를 드리고 사람의 훈계를 교리인 양 가르친다.'"
예수님이 바리새파 사람들을 이렇게 나무라자 제자들이 예수님에게 와서 물었습니다.
"바리새파 사람들이 예수님 말씀을 듣고 감정이 상한 것을 아십니까?"
예수님이 대답했습니다.
"하늘에 계신 나의 아버지께서 직접 심지 않으신 나무는 모두 뿌리째 뽑힐 것이다. 그들을 내버려 두어라. 이들은 앞 못 보는 인도자이다. 앞을 보지 못하는 사람이 다른 보지 못하는 사람을 안내하면 둘 다 구덩이에 빠질 것이다."

앞을 못보는 맹인을 따르는 인간의 우매함을 경고하다
예수님은 바리새파 사람들과 사사건건 충돌했습니다. 바리새파 사람들은 유대교 체제를 옹호하기 위해 유대 율법에 따른 여러 세칙을 정해두고는 이를 지키기를 요구했습니다. 정결예법 또한 그랬습니다. 부상당한 병자가 간호

34. 맹인이 맹인을 인도함 피테르 브뢰헬, 1568년, 템페라, 나폴리 카로디몬테 미술관 소장

를 받다가 죽었을 경우, 병자를 돌본 사람은 죽은 자를 만졌다는 이유로 정결 예법을 지키지 못했다고 하여 경원시당했습니다.

율법의 형식에 매여 융통성없고 고지식한 바리새파 사람들이 자신의 경건성을 과시하기 위해 입술로만 하나님을 찾는 위선적인 행동을 예수님은 야무지게 책망했습니다. 그러면서 하나님의 참뜻을 깨닫지 못한 사람을 따르는 것은 마치 앞 못 보는 맹인을 맹목적으로 뒤따라가는 것과 같아, 끝내는 비참하게 구렁텅이에 빠지고 말 것이라고 경고하고 있습니다.

브뢰헬 – 맹인이 맹인을 인도함

이 그림은 맹인이 맹인을 이끄는 예수님의 비유를 소재로 삼은 16세기 네덜란드 화가 대 피테르 브뢰헬의 작품입니다.

그는 당시 북유럽을 풍미하던 이탈리아 미술의 경향을 거부하고 자신의 개성적인 표현 양식을 창출하여 인간 본인의 자태를 적나라하게 드러낸 농민의 생활을 주로 그렸습니다. 그는 이제껏 도외시되어 왔던 이러한 영역을 개척하여 네덜란드 최대의 풍속화가가 되었습니다.

이 그림은 앞 못 보는 맹인의 무리가 행하는 맹목적인 행동을 통해서 인간의 어리석음에 대한 비극과 종교적 편협성에 대한 경각심을 일깨워주고 있습니다.

농촌의 전원을 배경삼아 망토를 걸친 맹인 여섯이 앞사람의 어깨를 짚거나 지팡이를 잡고서 줄지어 앞 사람을 따라가고 있습니다. 허공을 향한 맹인들의 시선은 공허하고 움푹 팬 눈자위는 무표정하며 이들의 행동에는 수치심이나 머뭇거림이 없습니다. 이 불쌍한 맹인들은 발 앞에 큰 구덩이가 있는 줄 모르고 앞사람에 의지해서 나아가다가 앞사람이 구덩이로 굴러 떨어지자 뒤따라오던 맹인도 잇따라서 굴러 떨어집니다. 맹인들의 줄이 왼쪽에서 오

앞 그림의 부분.
앞 못 보는 맹인이 앞사람의
지팡이를 잡고 그 뒷사람은
앞사람의 어깨를 짚고
맹목적으로 뒤따라가는
맹인들의 모습에서 인간의
어리석음을 엿보게 한다.

른쪽 구덩이로 향하는 대각선 구도를 취하여 맹인이 구덩이로 굴러 떨어지는 속도를 더하고 있습니다. 인물들의 뚜렷한 윤곽이 절제된 붓놀림과 다소 차갑고 어두운 색조 속에 묘사되고 있습니다. 저 멀리 나무 사이로 하나님 말씀을 상징하는 교회의 지붕만이 유일하게 따뜻한 오렌지색입니다.

여섯 맹인들은 하나님 말씀과는 다른 컴컴하고 험한 길을 걷는 저주받은 인간으로 그려져 있습니다. 맹인들의 얼굴 표정과 걷는 몸짓 속에 숨은 인간의 우매함과 비극적인 절박성이 유감없이 드러나고 있습니다.

35. 죽은 나사로를 살리심

예수님은 몹시 슬픈 마음으로 무덤에 갔습니다. 그 무덤은 입구를 커다란 돌로 막은 굴이었습니다. 예수님이 "돌을 옮겨 놓으라"고 말했습니다…
그래서 사람들이 입구에서 돌을 옮겨 놓았습니다. 그때 예수님은 고개를 들어 하늘을 보며 말했습니다. "아버지, 지금까지 제 말을 들어주셔서 감사합니다. 아버지께서는 언제나 제 말을 들으시는 줄 제가 압니다. 그러나 저는 주위에 있는 이 사람들을 위하여, 그들이 아버지께서 저를 보내셨음을 믿게 하기 위하여 이 말을 한 것입니다."
예수님은 이 말을 한 후 큰소리로 말했습니다. "나사로야, 나오너라!"
죽은 사람이 밖으로 나왔습니다. 그의 손과 발은 천으로 감겨져 있었으며, 얼굴도 천으로 둘러싸여 있었습니다.
예수님은 사람들에게 "천을 풀어주어 다니게 하여라" 하고 말했습니다.

죽음을 넘어 새 삶으로 나아가다

죽은 자를 살려내는 예수님의 이적 능력은 하나님의 영광을 보여주면서 하나님 나라가 예수님 안에서 시작되고 있음을 알려줍니다. 또한 다가올 하나님 나라에서는 육체적인 죽음의 한계를 이겨낼 수 있는 놀라운 일이 일반적으로 일어날 수 있다는 것을 상징적으로 시사하고 있습니다.

　예수님은 죽은 지 나흘이나 되는 나사로를 살려냈습니다. 그 누이들의 요청을 받고 나사로를 죽음으로부터 생명을 다시 찾아주었습니다. 죽은 나사

35. 나사로의 다시 살아남 세바스티아노 델 피옴보, 1518~20년, 나무판에 유채화, 런던 국립미술관 소장

로가 다시 살아남은 죽음이 결코 삶의 끝이 아니라 죽음의 자리에서 생명의 자리로 옮아오는 것을 뜻합니다.

나사로를 다시 살리는 순간 예수님은 스스로 생명의 주임을 드러내면서 지금 여기 사랑과 믿음이 있는 생명의 자리에서 성장과 변화를 거듭하여 낡은 것에서 새 것으로, 어둠에서 밝음으로, 죽음에서 새 삶으로 건너가야 함을 상징적으로 일러주고 있습니다.

피옴보 – 나사로의 다시 살아남

이 그림은 예수님이 죽은 지 나흘이나 되는 나사로를 다시 살려내는 광경을 소재로 삼은 16세기 이탈리아 화가 세바스티아노 델 피옴보의 작품입니다.

그는 이탈리아 르네상스 미술의 중심지인 피렌체와 쌍벽을 이루던 베네치아에서 활동하면서 색채로 경쾌함과 화려함을 익힌 다음 로마로 진출하여 로마파의 고전 양식을 익혀 초상화가로 명성을 얻었습니다.

이 그림은 화면 대부분을 인물들의 동작과 표정으로 채우고 있습니다. 푸른 겉옷과 붉은 빛 옷을 입은 예수님이 한 손은 하늘을 향하고 한 손은 나사로를 가리키면서 당당한 자세로 무덤 앞에서 나오라 외치고 있습니다. 나사로를 가리키는 예수님의 손 모양은 미켈란젤로의 "아담의 창조"에서 하나님의 손 모양을 그대로 따온 것입니다. 무덤에서 살아 나온 나사로는 두 시종의 도움을 받으며 몸에 감긴 흰 수의를 벗고 있는데 그의 몸은 미켈란젤로처럼 근육질입니다. 마르다는 죽은 자에게서 나는 냄새를 피하듯이 몸을 돌리고 있고, 그 뒤로 코를 가린 또다른 여인들이 보입니다. 마리아는 무릎을 꿇은 채 경배하듯이 오른손을 가슴에 대고 예수님을 우러러 보고 있습니다. 그분 주위의 제자들과 조문객들도 이 광경을 보고 너무도 놀라서 눈물을 흘리거나 입을 다물지 못합니다. 멀리서는 이 기적을 보려고 베네치아 사람들이

앞 그림의 부분. 한 손은 하늘을 향하고 한 손은 나사로를 가리키며 예수님이 죽은 나사로를 살려낸다. 나사로를 가리키는 예수님의 손 모양은 미켈란젤로의 "아담의 창조"에서 하나님의 손 모양을 따온 것이다.

예수님 쪽으로 몰려들고 있습니다. 배경으로는 작가가 활동했던 베네치아 도시 풍경이 아름답게 펼쳐져 있고 하늘에는 구름과 지평선이 빛과 어둠으로 강한 대비를 이루고 있습니다.

　많은 인물들의 인체와 동작 묘사는 미켈란젤로를 연상시킬 만큼 생생하고 인상적이며 색채 또한 베네치아 화파답게 다채롭고 풍부합니다. 전경의 인물들과 배경의 강이 흐르는 도시 풍경이 어우러져 넘치는 활기와 서정적인 분위기를 서로 조화시켜 놀라운 기적의 순간을 재현하고 있습니다.

36. 하나님 나라는 어린이의 것

사람들이 자기의 아이들을 데리고 예수님에게로 와서 어루만져 주기를 원했습니다. 그러나 제자들이 이들을 꾸짖었습니다.
예수님이 이것을 보고 노하여 제자들에게 말했습니다. "어린이들이 내게로 오게 놔두어라. 그들을 막지 마라. 하나님 나라는 이런 어린이와 같은 사람들의 것이다. 내가 너희에게 진정으로 말한다. 어린이처럼 하나님 나라를 받아들이지 않는 사람은 결코 그곳에 들어가지 못할 것이다."
그러고는 예수님은 어린이들을 팔에 안고서 손을 얹어 축복해 주었습니다.

하나님 나라는 어린이다운 마음으로 받아들여라

제자들은 어린이들이 예수님의 일을 방해한다고 생각했습니다. 당시에는 병자와 마찬가지로 아직 율법을 배우지 못한 어린이는 천대와 멸시의 대상이었습니다. 그러나 예수님은 그렇게 생각하지 않았습니다.

어린이는 쉴새 없이 웃으며 남을 해칠 줄 모릅니다. 결코 오만하지 않고 오히려 연약하여 남으로부터 보살핌을 받아야 합니다. 때묻지 않은 순결한 마음으로 무엇이든지 천진스레 받아들입니다.

예수님은 이처럼 어린이와 같은 마음을 가져야 하나님 나라에 들어갈 수 있다고 했습니다. 하나님 나라에 들어가려면 어린이다운 마음가짐을 먼저 갖추라고 하였습니다. 그분은 어린이의 모습 속에서 거짓없고 비뚤어지지

36. 어린이를 축복하는 예수 그리스도 스테인드글래스, 19세기, 제네바 생피에르 대성당

않은 인간 본래의 모습을 보았고, 그래서 하나님 나라의 주인이 바로 어린이라고 선포하고 있습니다.

스테인드글래스 – 어린이를 축복하는 예수 그리스도

이 그림은 예수님이 어린이를 축복하는 모습을 그린 스테인드글래스입니다.

12세기 중엽 이래로 고딕 양식의 건축이 성행하면서 성당이나 수도원 건축의 채광창이 거대해져 갔습니다. 채광창을 통해서 건축물 내부로 들어오는 빛이 성스럽고 화려한 빛으로 넘치게 하기 위해 창에다 스테인드글래스로 성화를 그렸습니다.

스테인드글래스는 파랑색, 초록색, 빨강색, 황금색을 중심으로 하여 다양한 크기의 투명한 유리 조각을 사용하여 모자이크처럼 그린 유리 그림을 말합니다. 스테인드글래스의 제작공법이 차츰 발달됨에 따라 황갈색 등 색 표현이 더욱 다양해졌습니다. 그리하여 스테인드글래스는 공예적이기보다는 회화적이라 할 만큼 표현 기법이 진보하여 벽화처럼 수준 높은 성화를 제작했습니다. 그러나 고딕 건축의 활동이 쇠퇴하면서 스테인드글래스에 대한 요구도 줄어들었습니다. 그러다가 19세기에 다시 부활하여 현대의 공공 건축과 종교 건축에 많이 활용되고 있습니다.

황금색 무늬로 장식된 닫집 아래로 짙은 청색으로 무늬진 하늘과 성곽의 첨탑을 배경삼아 한 무리의 인물들이 모여 있습니다. 예수님은 앉은 자세로 한 팔로 어린이를 안은 채 두 손을 모으고 그분 앞으로 나서는 어린이에게 축복을 내립니다. 다른 아이들 또한 어머니 품에 안긴 채 시선을 예수님에게로 향하면서 그분의 축복을 기다리고 있습니다. 두 제자는 그분 뒤편에서 이 광경을 지켜보고 있습니다. 아이들은 천진난만한 눈빛으로 그분을 바라보고 있으며, 등장하는 인물들은 한결같이 평온한 얼굴입니다.

그리 굵지 않은 검은 윤곽선으로 천진난만한 어린이의 모습과 인물 하나하나의 동작을 무리없이 묘사하고 있습니다. 아울러 자연스럽게 흐르는 옷주름과 머리결 그리고 다양하고 풍부한 색상의 옷 빛깔이 다채로움을 더해주고 있습니다. 이 스테인드글래스에 햇빛이 통과할 때면 신비스럽고 화려한 빛이 교회당 안을 가득 채워 보는 이로 하여금 영적인 감동에 빠져들게 합니다.

37. 예루살렘으로 들어가심

예수님과 제자들이 예루살렘에 가까이 와서 올리브 산 기슭에 있는 벳바게라는 곳에 이르렀습니다. 예수님은 거기서 두 명의 제자를 마을로 보내면서 말했습니다.
"너희는 맞은 편 마을로 들어가거라. 그러면 나귀 한 마리가 새끼와 함께 묶여 있는 것을 발견할 것이다. 그 나귀를 풀어서 나에게 가져오너라. 만일 누가 너희에게 무슨 말을 하거든 '주님이 필요하시답니다'라고 하여라. 그러면 즉시 내어줄 것이다."
두 제자들이 가서 예수님이 지시한 그대로 했습니다. 그들은 나귀와 그 새끼를 데리고 와서 그 등에 자기들의 옷을 깔았습니다. 예수님은 그 위에 앉았습니다. 수많은 사람들이 자기 옷을 벗어 길에 깔았고, 나뭇가지를 잘라 똑같이 했습니다. 예수님의 앞뒤에서 따라가던 사람들이 소리쳤습니다. "다윗의 아들에게 호산나! 주님의 이름으로 오시는 분이 복되도다! 높은 곳에서 호산나!" 예수님이 예루살렘으로 들어갔을 때 온 도시는 흥분으로 가득찼습니다. 사람들이 물었습니다. "이 사람이 누구냐?" 사람들이 대답했습니다. "이 사람은 갈릴리 나사렛 출신의 예수라는 예언자입니다."

열렬히 환호를 받으며 예루살렘 성 안으로 들어가다
예수님 일행은 갈릴리를 출발하여 긴 여정을 거쳐 예루살렘 도성 가까운 곳에 다다랐습니다. 예수님은 제자가 구해온 나귀를 타고 거룩한 도성 안으로

37. 예수 그리스도의 예루살렘 입성 두초 디 부오닌세냐, 1308~11년, 템페라화, 시에나 대성당 미술관 소장

마치 승리자처럼 입성하자, 많은 사람들이 나와 호산나를 외치며 갈채를 보냈습니다. '호산나'라는 말에는 '구하오니 구원하소서'라는 뜻이 담겨 있으며, 왕을 맞이하는 기쁨을 나타내는 외침이기도 합니다. 그들은 예수님을 장차 이스라엘 백성을 구원해 줄 구세주로 여겼습니다. 그래서 자신의 옷까지 벗어 길 위에 깔면서 그분을 호산나라고 외치며 열렬히 환호했습니다. 그러나 바리새파 사람과 율법학자는 이런 광경을 보면서 그들의 뜻대로 예수님을 올가미를 씌우지 못해 분하게 생각했습니다.

백성들의 열렬한 환호를 받으며 예수님은 당당하게 예루살렘 성안으로 들어선 이날이야말로 예수님의 생애에서 가장 감격스러운 순간이었습니다. 그러나 예수님 마음은 비장하였습니다. 이제 하나님이 이루려고 하시는 뜻을 자신으로 하여금 마무리지으려고 예루살렘으로 왔기 때문입니다.

두초 - 예수 그리스도의 예루살렘 입성

이 그림은 예수님이 예루살렘 성안으로 들어서는 광경을 그린 14세기초의 이탈리아 화가 두초 디 부오닌세냐의 작품입니다.

중세 고딕풍의 화가들은 건축적인 무대를 설정하고서도 화면은 평면적이었습니다. 그러나 두초는 화면 가득 건축적 구조를 설정하고서도 삼차원적 화법에 의한 공간 마련에 성공하고 있습니다. 이 공간 속에 인물들을 적절히 배치하여 시선의 흐름을 끌어가고 있습니다.

나귀를 탄 예수님이 제자들을 거느리고 축복의 자세를 취하면서 예루살렘 성안으로 들어서고 있습니다. 성안의 많은 사람들이 마중을 나와 '호산나'를 외치며 예수님을 맞이합니다. 입고 있던 옷을 벗어 길 위에 까는 사람, 종려나무 가지를 흔들고 기뻐하는 사람, 담 위에서 바라보는 사람, 창 밖으로 고개를 내밀고 바라보는 여인, 종려나무 가지를 꺾어주는 사람과 가지를 달라

앞 그림의 부분.
종려나무 위로 올라가 가지를
꺾어 여러 사람들에게 나누어
주면서 예수님의 예루살렘
입성을 환호하는 백성들.

는 사람 등 많은 사람들이 보입니다. 그분에게 구원자가 되어 달라는 기대에 찬 눈길을 보내는 사람들 뒤편에는 바리새파 사람들과 율법학자들이 불안한 눈초리를 보이고 있습니다.

  이 그림은 높은 곳에서 아래로 굽어보는 시각을 취하면서 건축적인 공간을 회화적인 무대로 넓혀 그 무대 속에 많은 인물들을 등장시키고 있습니다. 인물들의 동작이나 옷주름 처리는 아주 부드럽고 자연스럽습니다. 배경의 건물들은 고딕풍의 영향이 보이지만 르네상스 초기에 작가가 활동하던 시에나 지방의 아름다운 건물들을 그대로 재현하고 있습니다. 다양한 동작의 인물들과 갖가지 건축물들을 조화롭게 배치하면서 예수님의 예루살렘 입성을 서술적인 방식으로 표현해 놓았습니다.

38. 성전에서 장사꾼을 내쫓으심

> 예수님은 성전에 들어갔습니다. 예수님은 성전에서 사고 파는 사람들을 모두 내쫓으며, 돈 바꾸어주는 사람들의 책상과 비둘기 파는 사람들의 의자를 둘러엎었습니다.
> 그리고 사람들에게 말했습니다. "'내 집은 기도하는 집이라 불릴 것이다'라고 성경에 기록되어 있는데, 너희는 오히려 '강도들의 소굴'로 바꾸어버렸다."

하나님의 분노를 나타내고 장사꾼을 내쫓다

대축제일인 유월절을 맞아 수많은 사람들이 지방에서 외국에서 예루살렘으로 모여들었습니다. 도성과 성전은 장사꾼들로 시장 바닥처럼 북적거렸고, 강도의 소굴이 되어 있었습니다. 성전은 하나님께 예배를 드리면서 참회하고 하나님과 화해하는 곳입니다. 그분은 성전이 너무도 더럽혀져 있음을 보고 제사장들의 하수인 노릇을 하는 장사꾼들과 상인들을 호되게 나무라면서 이들을 내쫓고는 성전을 정결하게 하였습니다. 그분은 성전을 유지하는 기존의 체제를 공개적이고도 단호하게 거부했습니다.

　예수님의 행동을 몰래 훔쳐본 대제사장과 제사장들은 그들에 대한 도전으로 여겼습니다. 그래서 이들은 더 이상 보고 있을 수 없다고 판단하고 예수님을 체포하여 처형할 흉계를 꾸몄습니다.

38. 성전을 정결하게 함 엘 그레코, 1595년, 유채화, 런던 국립 미술관 소장

엘 그레코 - 성전을 정결하게 함

이 그림은 예수님이 성전에서 장사하는 상인을 내쫓는 광경을 소재로 한 16세기 말의 크레타 출신의 화가 엘 그레코의 작품입니다.

그는 격정적이고 신앙심이 깊은 사람으로, 베네치아파의 티치아노와 틴토레토로부터 빛과 색채를 익혔습니다. 그는 엄격한 양식을 피하고 형태와 색채의 사실적 묘사를 대담하게 무시하면서 개성적이면서 독창적인 화법으로 상징적이고 신비적인 경향의 작품을 창작했습니다.

이 그림은 채찍을 든 예수님을 중심축으로 삼고 왼쪽은 장사꾼이 채찍을 피하려고 법석을 떠는 사람들의 모습과, 오른쪽은 무슨 일이 일어났는지 의아해 하는 사람들의 모습을 나누어 서로 대비시키고 있습니다.

강력한 자세의 예수님은 오른손으로 채찍을 휘두르면서 왼손으로 관용을 베푸는 모습을 취하고 있습니다. 왼쪽의 장사꾼들은 겁에 질려 고통스럽게 몸을 비틀거나 뒤로 젖히면서 예수님의 채찍을 피하고 있습니다. 주황색 조끼를 입은 환전상은 탁자에 굴러떨어진 돈 궤짝을 챙기려고 몸을 굽히고 있습니다. 오른쪽은 눈먼 노인이 눈을 뜨게 해달라고 무릎을 꿇고 예수님을 기다리고 있자, 다리를 저는 또 다른 노인이 다가와 귀엣말을 합니다. 그 뒤편으로 몇몇 사람이 모여 지금 일어나고 있는 일을 수군거리고 있습니다.

원근법을 무시한 인물들의 배치와 인물들을 다소 길게 늘린 모습은 고딕의 영향이 엿보이지만 아울러서 엘 그레코가 활동하던 시대의 신비주의적인 경향을 보여주고 있습니다. 인물의 묘사를 사실적이기보다는 상징적인 것에 더 주안을 두었기 때문입니다. 이 기법은 르네상스 정신과는 다소 무관했지만 당시에는 아주 새로운 것으로 평가받았습니다.

백묵 같은 엷은 색에서 예수님 옷의 장밋빛에까지 갖가지 다양한 색채와 인물들의 배치가 조화를 이루면서 한편으로 예수님의 역동적인 모습과 법석

앞 그림의 부분.
예수님이 휘두르는 채찍을
피하려고 몸을 비틀면서 법석을
떠는 장사꾼들의 동작이 무척
역동적이다.

을 떨거나 조용히 기다리는 인물들의 표정과 동작이 한데 어우러져 화면 전체가 엄숙하면서도 극적인 생동감이 넘치고 있습니다.

39. 가이사의 것은 가이사에게

바리새파 사람들이 가서 예수님의 말씀을 트집잡아 예수님을 함정에 빠트리려고 공모했습니다. 그들은 자기들의 제자들을 헤롯 당원들과 함께 예수님에게로 보냈습니다. 이들이 말했습니다. "선생님, 우리는 선생님이 진실한 분이며, 하나님의 길을 올바르게 가르치며, 사람의 얼굴을 보지 않으시므로 아무에게도 치우치지 않으신다고 생각합니다. 선생님이 생각하시는 것을 우리에게 말씀해 주십시오. 가이사에게 세금을 바치는 것이 옳습니까? 옳지 않습니까?"
예수님은 이 사람들의 악한 생각을 알아차렸습니다. 그래서 말했습니다. "너희 위선자들아! 왜 나를 시험하느냐? 너희가 세금으로 내는 돈을 내게 보여라." 사람들은 은전 한 닢을 예수님에게 보여주었습니다.
예수님은 물었습니다. "이것은 누구의 얼굴이고, 누구라고 쓰여 있느냐?"
사람들이 대답했습니다. "가이사의 것입니다." 그러자 예수님은 그들에게 말했습니다. "가이사의 것은 가이사에게 주어라. 그리고 하나님의 것은 하나님께 바쳐라."
사람들이 예수님의 말을 듣고 놀랐습니다. 그리고 예수님에게서 떠나갔습니다.

바리새파 사람들에게 하나님께 해야 할 일을 깨우쳐 주다
예수님의 적대자들은 파상 공격을 펼치며 예수님을 함정 속으로 몰아 넣으려고 수작을 꾸몄습니다. 고약한 바리새파 사람들은 또다시 예수님에게 로마제국에 세금을 바치는 것이 옳은 일인지를 물었습니다.

39. 바리새파 사람에게 시험받는 예수 그리스도 베첼리 티치아노, 1568년, 유채화, 런던 국립미술관 소장

이 물음은 유대 백성이 로마제국의 통치를 찬양하면서 식민지 백성으로 로마에 세금을 바치며 살아야 하는가, 아니면 로마에 세금 납부를 거부하고 유대 전통에 따라 하나님을 섬기며 살아야 하는가를 선택해 달라는 문제였습니다. 현실적으로 대답하기 무척 난처한 문제였습니다. 바리새파 사람들은 이제까지 예수님의 행적을 미루어 보아 응당 로마의 법망에 걸리는 두 번째 대답을 기대했습니다.

　그러나 예수님은 가이사의 얼굴이 찍힌 것은 가이사의 소유물이므로 가이사에게 돌려주고 하나님의 것은 하나님께 바치라고 대답하면서 이들에게 일격을 가했습니다. 예수님은 자신에게 질문을 던진 바리새파 사람에게 그가 내민 은전이 바로 로마제국에 빌붙어 있음을 보여주는 증거라고 일러주었습니다. 그리고는 그 자신조차도 하나님의 피조물임을 깨닫고 자신이 해야 할 하나님에 대한 의무가 무엇인지 스스로 물어 하나님이 기대하는 것을 마땅히 먼저 행하라고 나무랐습니다. 예수님은 세속적인 일보다 하나님께 가장 높은 헌신과 궁극의 복종을 행할 영적인 일이 더 우선됨을 바리새파 사람들에게 깨우쳐 주었습니다.

티치아노 - 바리새파 사람들에게 시험받는 예수 그리스도

이 그림은 예수님이 세금 문제로 시험당하는 광경을 주제로 삼은 16세기 이탈리아 화가 베셀리 티치아노의 작품입니다.

　르네상스 미술의 정점을 이루는 시기에 활동한 티치아노는 조형보다는 색채를 더욱 중요시하여 새로운 화풍을 조성하고 베네치아 미술의 리더가 되었을 뿐 아니라 라파엘로가 세상을 떠난 이후로 당대 최고의 초상화가가 되었습니다. 초상화를 그림에 있어서도 그는 이전의 태도와는 달리, 외면으로 드러나는 모습뿐 아니라 정신적인 내면의 모습까지 담아 두 면을 종합한 하나의 진실된 모습을 드러내려고 시도했습니다. 이 작품에서도 그 일면을 엿볼 수 있습니다.

　바리새파 사람이 예수님을 찾아와 은전 한 닢을 내밀며 가이사에게 세금을 바치는 것이 옳은지 그른지 묻고 있습니다. 그분은 바리새파 사람을 똑바로 쳐다보며 오른손을 들어 하늘을 가리키면서 먼저 하나님께 헌신하라고 일러주고 있습니다.

　이 그림은 투명하면서도 부드러운 색조의 예수님과 미묘하게 변조되는 어두운 색조의 바리새파 사람을 대비시키면서 붉은 색, 흰색, 검은 색을 능숙하고 화려하게 사용하여 강렬한 색의 세계를 창조하고 있습니다. 화필의 놀림 또한 아주 자유롭습니다. 예수님의 얼굴은 당당하고도 고전적인 골격을 갖추고 있습니다. 서로 마주보는 두 인물의 시선이 팽팽하게 긴장감을 높이고 있습니다. 작가의 완숙한 필치는 자신감이 넘치며, 긴장이 감도는 두 인물의 대비를 통해 초상화 예술의 새로운 경지를 보여주고 있습니다.

40. 제자들의 발을 씻겨 주심

예수님은 아버지께서 자기에게 모든 것을 다스릴 권세를 주셨다는 것을 알고 있었습니다. 또한 그분은 아버지께로부터 오셨다가 다시 아버지께로 돌아갈 것을 알고 있었습니다. 그래서 저녁을 들던 자리에서 예수님은 일어나 겉옷을 벗고 수건을 가져다가 허리에 둘렀습니다. 그리고는 대야에 물을 부어 제자들의 발을 씻기고 두른 수건으로 그들의 발을 닦아주기 시작했습니다.

이윽고 베드로 차례가 되었을 때, 베드로는 예수님에게 "주님, 주님께서 제 발을 씻기시렵니까?"라고 말했습니다.

예수님은 베드로에게 대답했습니다. "네가 지금은 내가 하고 있는 행동을 이해하지 못할 것이지만 나중에는 이해할 것이다."

베드로가 말했습니다. "제 발을 절대로 씻기지 못하십니다."

예수님이 대답했습니다. "내가 네 발을 씻기지 않으면 너는 나와 상관 없는 사람이 되고 만다."

이 말을 들은 베드로는 황급히 말했습니다. "주님, 제 발만 아니라 손과 머리도 씻겨 주십시오!"

남을 섬기는 삶을 살라고 당부하다

유월절 저녁에 예수님은 사람들을 물리치고 오롯이 제자들과 식사를 하러 다락방으로 왔습니다. 저녁을 드는 자리에서 제자들은 어떤 사람이 큰 사람인가 하는 문제로 논쟁을 벌였습니다. 예수님은 이를 보고는 참된 큰사람과

40. 제자들의 발을 씻겨 주는 예수 그리스도 모자이크, 11세기경, 오지오스 루카스 수도원

거짓된 큰사람에 대해 말했습니다. 거짓된 큰사람은 남을 과소 평가하여 깎아내리고 자기 자신을 치켜 올리는 자요, 참된 큰사람은 자기 자신이 못난 줄 알고 남을 높이고 섬기는 자라고 일러주었습니다. 그러고는 자리에서 일어나 몸을 굽혀 일일이 제자들의 거친 발을 씻겨 주었습니다.

유대에서는 저녁 식사를 하기 전에 종이 주인의 발을 씻어 주는 풍습이 있었습니다. 그 당시 사람들은 나들이를 할 때 신발 없이 맨발로 다니는 경우가 많았고, 그래서 집에 돌아오면 발 씻는 일을 먼저 했습니다.

예수님은 종이 주인에게 하듯이 몸소 제자들에게 발을 씻겨 주었습니다. 파격적이고 놀라운 일이었습니다. 예수님은 스스로 남을 섬기는 종으로 살려고 하였으며, 종처럼 남을 섬기고 남을 위해 봉사하는 삶을 살았습니다. 예수님은 낮은 자로 섬기면서 살아가는 모습을 제자들에게 몸소 보여주면서 이와 똑같이 할 것을 명했습니다.

모자이크 - 제자들의 발을 씻겨 주는 예수 그리스도

이 그림은 예수님이 손수 제자의 발을 한 사람씩 씻겨주는 모습을 그린 11세기경의 모자이크입니다.

중세 건축에 모자이크가 성행한 것은 프레스코화와 달리 돌이나 유리 조각의 색채가 현란하고 신비로웠기 때문이었습니다. 채광창으로 들어오는 빛과 어울려 교회 내부는 환상적인 천상의 아름다움을 느끼게 함으로써 하나님을 찬미토록 했습니다.

모자이크 그림은 균형잡힌 인체의 아름다움이나 사실적인 자연 묘사는 찾기 어렵습니다. 인물 묘사는 회화에 비해 자연스러움이 떨어지고 유치해 보입니다. 배경 또한 불필요한 장식은 생략한 채 단순히 황금색만으로 표현한 것은 자연이 아닌 초자연의 세계를 먼저 생각했기 때문입니다.

이 모자이크 또한 그렇습니다. 주어진 공간 안에서 꼭 필요한 요소만으로 간결하게 그림을 완성시켜 성경 이야기의 핵심을 전하고 있습니다. 작가의 예술적인 표현보다는 종교적 주제에 충실하면서 자유롭게 신앙의 세계를 표현하고 있습니다.

안으로 둥글게 팬 아치형 천장과 금빛 벽면을 배경으로 삼아 예수님이 허리 굽혀 베드로의 발을 씻겨 준 다음 수건으로 닦아주자 베드로는 머리까지 씻겨 달라고 오른손으로 자신의 머리를 가리키고 있습니다. 다른 제자 한 사람은 신발을 벗으며 자신의 차례를 기다리며 황송한 표정을 짓고 있습니다. 나머지 제자들은 양편으로 나뉘어 예수님이 발을 씻겨 주는 모습을 보고는 몸둘 바를 몰라 당황하는 자세를 보이고 있습니다. 인물들의 옷주름은 다소 많아 보입니다. 그러나 이 모자이크 그림은 예수님과 제자 사이에 정감이 넘치면서 성스러운 고귀함이 잘 드러나 있어 중세 미술의 기독교적인 가치를 충실하게 표현하고 있습니다.

41. 유다의 배신을 예고하심

예수님은 마음이 무척 괴로웠습니다. 그래서 비장하게 말씀했습니다. "내가 너희에게 진리를 말한다. 너희 중 하나가 나를 배반할 것이다."
제자들은 서로 얼굴을 쳐다 보았으나, 예수님이 누구를 염두에 두고 말한 것인지 전혀 알 수가 없었습니다.
예수님의 제자 중 한 사람이 예수님 가까이 앉아 있었습니다. 이 사람은 예수님이 사랑한 제자였습니다.
베드로가 이 제자에게 고갯짓을 하여, 예수님이 누구를 가리켜 말하는 것인지 물어보라고 지시했습니다. 그 제자가 예수님 옆으로 가까이 다가가 물었습니다. "주님, 그가 누구입니까?"
예수님이 대답했습니다. "내가 이 빵을 접시에 찍어주는 자가 나를 배반할 자이다" 하면서 빵 조각을 집어서 접시에 찍어 가롯 사람 시몬의 아들 유다에게 주었습니다.

제자 중 한 사람이 배반을 하리라고 제자들에게 말하다

제자들의 발을 씻기고 다시 자리에 앉은 예수님은 마음이 몹시 괴로웠습니다. 이제 얼마 안 있어 자신이 체포되어 모진 수난을 겪고서는 끝내 죽임을 당하리라는 것을 알고 있었기 때문입니다. 그러나 제자들은 눈이 닫혀 예수님의 마음을 누구도 헤아리지 못했습니다.

사랑하는 제자들과 함께 유월절 저녁을 들다 말고 예수님은 제자들에게 너희 중 한 사람이 나를 배반하리라는 놀라운 말씀을 들려줍니다. 믿음과 우애가 넘치는 자리에 배신자가 있다니! 너무도 뜻밖의 말을 들은 제자들은 충격의 도가니에 빠져들어 배신자가 누구인지 몰라 서로의 얼굴을 쳐다봅니다.

배신이란 믿음을 저버리는 행동입니다. 가롯 유다는 기어이 예수님의 뜻을 헤아리지 못하고 사악한 생각에 빠져 배신을 하고 맙니다. 그가 행한 배신은 자신의 인간성을 망가뜨릴 뿐만 아니라 예수님을 엄청난 고통 속으로 몰아넣습니다. 가롯 유다는 자신의 배신에 대한 행위에 책임을 져야 하지만 하나님은 인간의 배신을 통해서 오묘한 섭리를 행하십니다.

레오나르도 다 빈치 – 최후의 만찬

이 그림은 예수님이 제자 중 한 사람이 나를 배반할 것이라 말하는 순간을 소재로 삼은 전성기 르네상스를 이끈 이탈리아 화가 레오나르도 다 빈치의 작품입니다.

밀라노에 있는 산타 마리아 델레 그라치에 수도원의 식당 벽면에 그려진 이 벽화는 레오나르도가 당대 최고의 거장으로 추앙받고 있던 완숙기에 완성한 기념비적인 작품입니다. 균형잡힌 짜임새 있는 구성과 정확하고 섬세한 인물 묘사가 뛰어날 뿐 아니라 인간의 반사적 행동에 대한 날카로운 통찰과 긴장이 흐르는 놀라운 현실을 마치 마주대하는 듯한 현장감 넘치는 상상력은 감탄을 금할 수 없습니다.

그러나 이 작품은 보존상의 치명적인 결함이 있었습니다. 그는 제작시 덜 마른 회반죽 바탕에 안료만으로 채색하는 프레스코 기법 대신에 마른 벽에 계란과 오일을 안료와 섞은 템페라 물감을 사용했는데, 이는 그의 회화 개념과 맞아 떨어졌기 때문입니다. 그러나 이렇게 채색된 그림은 세월을 이기지 못했습니다. 물감은 균열이 가거나 조각으로 떨어져 나갔으며 수차에 겪은

41. 최후의 만찬 레오나르도 다 빈치, 1495~98년경, 템페라, 밀라노 산타 마리아 델레 그라치에 수도원

제2부 | 세상으로 나아가시다

전쟁 등으로 말미암아 손상의 상태가 심해졌습니다. 부득이 복원의 필요성이 대두되어 21년간의 노력 끝에 복원을 마치고 1999년에 공개되었습니다.

예수님을 중심으로 열두 제자가 양편으로 갈라져 식탁 앞에 앉아 있습니다. 수평으로 놓인 식탁에는 빵과 음식이 담긴 접시, 유리잔, 주전자가 널려 있습니다. 건물 내부의 배경은 원근법에 의해 벽을 따라 뒤로 물러나게 하면서 인물들을 앞쪽으로 드러내고 있습니다. 세 개의 커다란 창에서 늦은 오후의 햇살이 비쳐들고 있습니다.

꼭 짚어서 누구라고 말하지 않은 채 너희 중 하나가 배반할 것이라는 예수님의 증언을 듣는 순간 제자들은 제각기 개성을 드러내는 표정과 동작을 통해 놀라움, 충격, 당황, 고통 등 각기 독특한 반응을 드러냅니다.

다른 인물들보다 조금 크게 그려 위상을 높인 예수님은 뒷 창문으로 들어오는 햇살에 얼굴을 드러내며 그림 중앙에 안정된 자세로 앉아 있습니다. 양팔을 펴서 두 손을 식탁 위에 올려 놓고 오른손은 식탁 위의 뭔가를 집을 듯 손바닥을 아래로 펴고 있으며, 왼손은 손바닥을 하늘로 향해 펴고서 어떤 고난이 닥쳐도 하나님의 뜻에 순종하리라는 자세를 취하고 있습니다.

제자들은 개성적인 표정과 동작에 따라 자연스럽게 세 사람씩 무리를 짓고 있습니다. 예수님 오른편(화면은 왼편)에는 증언에 놀라 충격을 받은 요한이 슬픔에 젖어 두 손을 모은 채 몸을 가누지 못하고 있고, 그 곁에 성미 급한 베드로가 오른손에 칼을 쥐고서 요한과 유다 사이를 헤치고 예수님을 바라보고 있으며, 왼손에 배신의 대가로 받은 은화 주머니를 움켜 쥐고 오른손에 배신자를 알아볼 수 있는 빵조각을 들고 식탁에 팔꿈치를 기댄 채 오만하게 몸을 뒤로 젖히고 있는 가롯 유다가 한 그룹을 이루고 있습니다.

그 옆으로는 양손을 펴서 앞으로 올리고는 그가 누굴까 놀라고 있는 안드레, 한 손을 베드로 등으로 가져가면서 행동을 진정시키고 있는 야고보, 그리고 두 손으로 식탁을 짚고 금방이라도 뛰쳐나올 것 같은 바돌로매가 한 그룹으로 어울려 있습니다.

예수님 왼편에는 집게손가락을 치켜 세우고 누군지 물으려는 자세를 취한 도마, 놀라서 양팔을 벌리고 있는 야고보, 손으로 가슴을 짚으며 자신의 결백을 드러내 보이는 빌립이 한 그룹으로 어울려 있습니다.

빌립 옆으로는 푸른 옷을 입은 마태가 두 팔을 예수님 쪽으로 향하면서 도저히 믿을 수 없다는 듯이 시몬을 향해서 되묻고 있으며, 다대오도 마태처럼 시몬에게 의심나는 것을 물어보자 손을 내밀며 자신도 모르겠다는 듯이 당황해 하는 시몬이 한 그룹을 이루고 있습니다.

제자들의 몸짓, 사다리형으로 장식된 천장, 벽에 걸린 네 개의 타피스트리, 어두워지는 하늘이 보이는 세 개의 창, 식탁의 크기 등은 정확한 원근법에 의해 배치되어 식당 안의 또다른 방처럼 보이게 합니다.

레오나르도는 제자들의 인물됨을 정확히 표현하기 위해 주변의 실물을 끊임없이 관찰하고 인체를 해부하는 각고의 노력을 다했습니다. 그리하여 제자 한 사람 한 사람이 자신의 개성을 드러내면서 인물들의 표정과 자세를 통해 그 인물이 누구인지 알 수 있을 뿐 아니라 인간 영혼의 감정들을 절묘하게 표현하고 있습니다. 이로써 이 작품은 누구도 넘볼 수 없는 예술의 최고 경지에 다다르고 있으며, 시대를 뛰어넘는 위대한 인류의 유산으로 남게 되었습니다.

42. 제자들과의 마지막 저녁 식사

> 식사 때에, 예수님께서는 빵을 들어 감사 기도를 드리고 그것을 떼어 제자들에게 주며 말했습니다. "받아 먹어라. 이것은 내 몸이다."
> 또한 예수님께서 잔을 들어 감사 기도를 드린 후 그것을 제자들에게 주며 말했습니다. "너희 모두 이것을 마셔라. 이것은 죄를 용서하기 위하여 많은 사람들을 위해 붓는 나의 피, 곧 언약의 피이다. 내가 너희에게 말한다. 내가 아버지의 나라에서 너희와 함께 새롭게 마시는 그날까지 지금부터는 포도 열매로 빚은 것을 마시지 않을 것이다."
> 그들은 찬송을 부르고 올리브 산으로 올라갔습니다.

떡과 포도주를 나누어 먹으며 예수님과 제자들이 하나가 되다

이 만찬의 자리는 이 땅에서 베푸는 그분과의 마지막 잔치이면서 제자들에게 이별을 알리는 자리입니다. 그분은 비록 죽음의 길로 떠나지만 이런 자리를 함께하면서 제자들과 늘 함께 있다는 믿음을 심어주었습니다. 그분이 제자들에게 나누어주는 떡과 포도주가 자신의 살과 피라고 말하면서 이를 받아 먹음으로써 제자들과 하나가 되기를 바랐습니다.

이제 예수님은 남들로부터 자신에게 가해지는 수난을 통해 자신의 거룩한 사명을 이루려고 합니다. 그리하여 하나님 나라가 기쁨으로 다가오는 그날까지 이런 잔치는 삼갈 것이라고 제자들에게 일러주고 있습니다.

42. 최후의 만찬 디에리크 보우츠, 1464~67년, 목판에 유채화, 루뱅 성 베드로 대성당 제단화

보우츠 – 최후의 만찬

이 그림은 예수님이 제자들 앞에서 빵과 포도주를 축복하는 순간을 그린 15세기 네덜란드 화가 디에리크 보우츠의 세폭 제단화의 가운데 작품입니다.

그는 초기 플랑드르 회화의 마지막 주자로, 얀 반 아이크와 로히르 반 데르 베이덴 두 선배로부터 영향을 받으면서 자신의 개성 창출에 힘을 쏟아 초상화와 풍경화에 뛰어난 재능을 인정받았습니다.

최후의 만찬은 과거 여러 화가들이 즐겨 그렸던 주제로서 주로 두 가지 장면으로 나뉩니다. 첫째는 만찬을 시작하면서 제자 중의 누군가 한 사람이 배신할 것이라고 예수님이 선언하는 장면이고, 둘째는 예수님이 만찬에 오른 빵과 포도주를 축복하는 성찬 의식의 장면입니다. 이 그림은 두 번째 장면을, 즉 지상의 음식을 하나님의 음식으로 바꾸는 장면을 그리고 있습니다.

이 그림은 플랑드르 지방의 실내 풍경을 배경으로 삼아 중앙에 앉은 예수님이 제자들 앞에서 만찬에 오른 빵 한 조각을 들고 감사의 기도를 하고 있습니다. 열두 제자들은 사각의 식탁을 둘러싸듯이 앉아 경건한 모습을 보이고 있습니다. 예수님은 맑고 넓은 이마와 다소 길쭉한 얼굴에서 성스러움이 풍깁니다. 예수님 오른편에는 앳된 제자 요한이, 왼편에는 가슴에 두 손을 얹은 베드로가 보입니다. 등을 보이는 두 인물 중에 왼쪽이 가룟 유다로, 왼손을 등 뒤로 돌려 붉은 망토를 챙겨 입고 이 자리에서 나가려는 동작을 취하면서 만찬의 분위기를 깨트리고 있습니다.

화면은 실내의 공간을 넓게 보이려고 위에서 아래로 내려다보는 구도를 취하면서 많은 인물들을 여유롭게 등장시키고 있습니다. 열두 제자 이외에 네 사람의 시종이 등장하는데, 왼쪽에 다소곳이 서 있는 인물은 예수님 시중을 드는 시종이고, 오른편 끝의 붉은 모자를 쓴 인물은 이 그림을 그린 작가 자신입니다. 왼쪽 벽장 쪽문에 얼굴을 내밀고 있는 두 사람 또한 시종으로, 이

앞 그림의 부분. 빵조각을 들어 감사의 기도를 드리고 있는 예수님의 초상은 이탈리아풍과는 달리 북방 유럽의 분위기를 물씬 풍겨 준다.

그림을 의뢰한 단체의 주요 인물로 여겨집니다. 예수님 뒤편에는 십자형 무늬의 나무 벽난로 막이가 있고, 바닥에는 기하학적 문양의 타일이 깔려 있습니다. 실내의 많은 인물들로 인해 답답함을 덜어주려고 왼쪽과 뒤쪽의 창문 밖으로 루뱅 시내의 풍경과 하늘을 보여주고 있습니다.

 하얀 식탁보 중앙에 놓인 큰 접시에는 양고기가 담겨 있고, 예수님 앞에는 성배가, 제자들 앞에는 누룩 없는 빵과 포도주 잔, 그리고 빵을 자르는 칼이 놓여 있습니다. 전체 화면은 넓은 공간만큼이나 고요하고 흐트러짐이 없이 섬세합니다. 작가의 개성 또한 뚜렷하여 북방 유럽의 분위기를 물씬 풍겨주면서 엄숙함과 겸손함이 넘치고 있습니다.

제3부

수난 속으로

43. 겟세마네 동산에서 기도하심

예수님은 예루살렘 밖으로 나가 늘 하던 대로 올리브 산으로 갔습니다. 제자들도 예수님을 뒤따라 갔습니다. 그곳에 이르러 예수님은 제자들에게 말했습니다. "시험에 들지 않게 기도하여라."
그리고 제자들을 두고 돌을 던져 닿을 만한 곳에 가서 무릎을 꿇고 기도 하였습니다. "아버지, 만일 아버지의 뜻이라면 제게서 이 잔을 없애 주십시오. 그러나 제 뜻대로 되게 하지 마시고 아버지 뜻대로 이루어지게 하십시오."
그러자 하늘로부터 천사가 나타나 예수님에게 힘을 북돋아 주었습니다.
예수님은 고통스러워하면서 더 간절히 기도했습니다. 땀이 마치 핏방울처럼 땅에 떨어졌습니다. 예수님이 기도하기를 마치고 일어나 제자들에게 갔습니다. 제자들은 피곤에 지쳐 잠들어 있는 모습을 보았습니다.

기도로 절망을 이기는 참 용기를 얻다

만찬을 끝내고 예수님은 올리브 산을 올라 겟세마네 동산으로 갔습니다. 제자들에게 기도하라 이르고서 예수님은 홀로 떨어져 하나님께 기도하기 시작했습니다. 이제 곧 자신에게 닥쳐올 죽음을 제발 하나님께서 거두어 달라고 애원했습니다. 기도는 너무도 간절하고 통렬하고 인간적이었습니다. 그분을 덮치고 있는 죽음의 공포는 고뇌로 뒤덮이고 솟아나는 땀방울은 핏방울이 되어 흘러내렸습니다.

43. 천사의 부축을 받는 예수 그리스도 파울로 베로네세, 1572년경, 유채화, 밀라노 브레라 미술관 소장

그분의 기도는 처음에는 하나님의 뜻을 거스르는 것 같았으나 기도를 하는 동안 지순한 순종의 자세로 하나님의 뜻에 따르기로 하였습니다. 앞으로 다가올 모질고 무자비한 폭력에 맞서 죽음에 대한 두려움을 이기고 당당히 죽음을 받아들이기로 하였습니다. 하나님을 믿고 따르는 것이 바로 영광의 길임을 깨달았습니다.

기도를 하려고 두 손을 모으는 것은 세상의 어떤 고난에 대해서도 굽힘이 없는 마음의 자세입니다. 예수님은 기도를 통해서 고뇌와 절망을 이기고 하나님의 뜻을 따르는 참 용기를 얻고 산에서 내려왔습니다. 그러나 제자들은 예수님의 고뇌를 알지 못하고 깊이 잠들어 있었습니다.

베로네세 – 천사의 부축을 받는 예수 그리스도

이 작품은 예수님이 겟세마네에서 기도하는 모습을 그린 16세기 후반의 이탈리아 화가 파올로 베로네세의 작품입니다.

낙천적이고 화려한 그의 화풍을 자제하면서 어둡고 침통한 예수님의 내면세계를 세련된 기법으로 그려낸 이 작품은 그의 완숙기를 대표하는 걸작입니다. 천사와 예수님이 입은 옷 색깔과 명암의 대비는 그의 화풍을 그대로 보여주고 있습니다.

예수님은 앞으로 자신에게 닥칠 고난에 대한 두려움을 고백하면서 참으로 인간적인 모습을 드러내고 있습니다. 멀지 않아 죽음이 다가오리라는 것을 알고 예수님이 혼신을 다해 땀이 핏방울처럼 떨어지도록 간절하게 하나님께 기도를 하였습니다. 그러자 하늘로부터 천사가 내려와 심신이 지친 예수님을 부축하고 있습니다. 몸을 가누지 못하는 예수님의 모습은 비장함이 넘칩니다.

전체 화면은 청회색의 어둠에 덮여 있으나 왼쪽 위에서 쏟아지는 한 줄기

앞 그림의 부분. 간절히 혼신을 다한 기도를 끝내고 몸을 가누지 못하는 예수님을 부축하는 천사의 머리 위로 신비로운 빛이 하늘에서 쏟아지고 있다.

신비로운 빛이 기도로 지친 예수님의 몸을 부축하는 천사를 환하게 비추고 있습니다. 색채는 여전히 장식적이지만 감정의 새로운 깊이를 드러내면서 빛을 통해서 더욱 신비해지고 있습니다. 오른쪽 아래로 무너진 고대 신전의 폐허를 배경삼아 베드로를 비롯한 제자들이 어둠에 묻혀 정신없이 잠에 떨어져 있습니다.

빛 속에 드러나는 천사의 애틋한 얼굴 표정과 팔을 늘어뜨린 채 몸을 가누지 못할 만큼 비통해 하는 예수님의 모습이 잘 어우러져 더없이 절박하고 비극적인 느낌을 고조시켜 주고 있습니다.

44. 병사들에게 붙잡히심

예수님이 제자들에게 말하고 있는 동안, 열두 제자 가운데 하나인 유다가 왔습니다. 대제사장과 백성들의 장로들이 보낸 많은 사람들이 칼과 몽둥이를 들고 유다와 함께 왔습니다. 예수님을 배반한 유다가 이들에게 "내가 입맞추는 사람이 바로 그 사람입니다. 그를 잡으시오"라며 신호를 정해 주었습니다.
곧바로 유다는 예수님에게로 가서 말했습니다. "선생님, 안녕하십니까!" 그러면서 입을 맞추었습니다. 예수님은 "친구여, 무엇하러 여기에 왔느냐?" 하고 묻자, 사람들이 와서 예수님을 붙잡았습니다.

유다의 배신의 입맞춤으로 예수님이 체포되다

대제사장들과 장로들 그리고 율법학자들은 예수님을 체포하려고 가롯 유다를 앞세워 칼과 몽둥이를 든 한 떼의 사람들을 이끌고 몰려 왔습니다. 이들은 성전을 지키는 무장 군사들이었습니다. 어두운 밤중이어서 누가 그분인지 분간하기 어려웠습니다. 마침 기도를 끝내고 제자들에게로 돌아온 그분에게 가롯 유다가 다가와 예수님을 확인시켜주는 배신의 입맞춤을 하자 이를 보고 뒤쫓아온 병사들이 그분을 체포하였습니다. 가롯 유다는 자신의 이기적인 욕심에 못 이겨 야만의 탈을 쓰고 믿음의 절개를 팔았습니다.

　예수님은 아무런 저항없이 체포되었습니다. 이때부터 그분은 홀로 수난의 자리로 넘겨졌습니다. 아무것도 스스로 행하지 않고 자신을 방어하지도 않

44. **체포당하는 예수 그리스도** 조토 디 본도네, 1304~06년, 프레스코, 파도바 스크로베니 예배당

았습니다. 앞으로 일어나는 엄청난 사태를 묵묵히 받아들이기만 했습니다.

조토 – 체포당하는 예수 그리스도

이 그림은 가룟 유다의 배반으로 예수님이 체포당하는 장면을 그린 14세기 초엽의 이탈리아 화가 조토 디 본도네의 작품입니다.

1300년을 전후해서 정점에 다다랐던 중세 미술이 점차 쇠퇴하기 시작할 무렵, 조형 예술에 근본적인 혁신을 시도하고 창조적 에너지를 폭발시킨 화가가 바로 조토입니다. 그는 회화에 새로운 표현 양식을 창안하였습니다. 풍부한 표현력으로 인물들의 감정을 뚜렷이 드러내면서 자유롭게 공간을 구사하여 인물을 극적으로 배치하여 마치 무대에서 행해지는 듯한 박진감있는 작품을 창작했습니다. 피렌체의 주민은 피렌체 화파의 리더인 그를 자랑으로 여겼고 그의 영향력은 압도적이었습니다.

이 그림은 예수님의 체포보다는 유다와의 만남에 더 큰 비중을 두고 있습니다. 유다는 그의 노란 망토로 예수님의 몸을 감싸면서 입을 맞추려 하고 있습니다. 예수님과 유다가 서로 노려보는 눈초리가 결연합니다. 유다는 좁은 이마에 푹 들어간 눈, 찡그리는 표정이 전형적인 악당의 얼굴입니다. 그런데 유다의 입맞춤이 무슨 뜻인지 알고 있는 예수님은 의연한 표정과 연민 어린 시선이 오히려 평온한 느낌을 줍니다.

두 인물 좌우로 횃불과 창을 높이 치켜든 무리들이 몰려오고 있습니다. 막대기를 잡은 손이 그분의 머리를 뒤에서 내리치려 하고, 제자인 베드로는 칼을 뽑아 대제사장의 종의 귀를 자르며 그분을 지키려 하고 있습니다. 회청색 망토를 입은 병사는 제자들이 도망가지 못하도록 팔을 벌려 막고 있습니다. 오른쪽 붉은 망토를 걸치고 무리들과 함께 따라온 대제사장은 오른손으로 그분을 가리키며 체포를 지시하자 한 병사가 나팔을 불고 있습니다.

앞 그림의 부분.
노려보는 유다의 눈초리와
연민에 찬 예수님의 시선을
결연히 교차시키면서 각기 표정
속에 숨은 내면의 인간성까지
드러내고 있다.

    많은 무리의 얼굴들이 옆면으로 그려 놓아, 인물들의 머리가 중요하게 간주되었으나 대열을 짓고 있는 병사들의 얼굴은 드러내지 않았습니다. 이러한 경향은 고대의 조각에서 영향을 받은 것으로 그분의 체포 장면에 역동감을 부여하려고 시도한 것입니다. 그러나 조토는 무엇보다도 예수님과 유다의 얼굴 표정에 각기 내면에 숨은 인간성까지 드러내는 새로운 표현 기법을 개척하여 현실성과 종교성을 잘 융합시겼습니다. 이로 말미암아 회화의 경지를 한 단계 높임으로써 르네상스 초기에 세칭 '회화의 시대'의 개막을 알렸습니다.

45. 베드로의 부인

베드로가 공관의 아래쪽에 있을 때, 어떤 대제사장의 여자 종이 왔습니다. 베드로가 불을 쬐고 있는 것을 보고, 노려보며 말했습니다. "당신도 나사렛 예수와 함께 있었지요?" 베드로는 부인하며 말했습니다. "네가 무엇을 두고 하는 말인지 모르겠다." 그리고 베드로는 입구 쪽으로 옮겨 갔습니다. 그때 닭이 울었습니다.

또 여자 종이 베드로를 보고, 다시 한번 거기 있던 사람들에게 말했습니다. "이 사람도 예수와 한패예요." 다시 베드로가 부인했습니다. 잠시 후에 거기 있던 사람들이 베드로에게 말했습니다. "확실히 당신은 예수와 한패요. 당신은 갈릴리 사람이니까." 베드로는 저주하며, 맹세하였습니다. "당신들이 말하는 사람이 누구인지 나는 모르오!"

그러자 닭이 두 번째 울었습니다. 예수님이 자기에게 "오늘 닭이 두 번 울기 전에 네가 나를 세 번이나 모른다고 할 것이다"라고 했던 말이 기억났습니다. 그래서 엎드려 울었습니다.

예수님에 대한 믿음의 연약함을 보인 베드로

무기를 든 사람들이 예수님을 체포하여 대제사장 공관으로 끌고 갔습니다. 종교재판을 열기 위함이었습니다. 체포 당시 두려움에 떨어 스승을 구하기 위한 어떠한 시도도 하지 않은 채 뿔뿔이 도망쳤던 제자들 중에 베드로는 대제사장 공관까지 몰래 뒤따라갔습니다. 바로 그 공관 밖에서 어느 제자보다

45. 예수를 부인하는 베드로 렘브란트, 1660년, 유채화, 암스테르담 레이크스 국립미술관 소장

도 열성적으로 따랐던 그가 예수님의 충절을 시험받는 위기의 순간을 맞아 세 번에 걸쳐 예수님을 부인했습니다. 또 다른 비겁한 배신이었습니다.

그러나 예수님은 베드로를 물리치거나 못 믿을 자로 낙인찍지 않았습니다. 의욕이 넘쳐 때로는 허둥대며 앞장서는 모습을 보여온 그였지만 마음의 연약함과 변덕스러움에 있어서는 다른 사람과 다르지 않았습니다. 그때까지도 그는 예수님의 수난을 짐작도 하지 못했습니다. 그러나 그는 곧 부인의 잘못을 뉘우치고 눈물을 흘렸습니다. 예수님 사후 그는 예수님의 길을 꿋꿋이 걸으면서 자신의 사명을 다했습니다.

렘브란트 – 예수를 부인하는 베드로
이 그림은 베드로가 예수님을 부인하는 장면을 소재로 그린 17세기 네덜란드 화가 렘브란트의 작품입니다.

그는 불행과 시련에 찬 노년을 보내면서 당시 지배적이던 고전주의적 동향에 동조하기보다는 홀로 떨어져 보다 정신적인 사색의 길을 걸었습니다. 사색을 통하여 그의 눈을 새롭게 열어가고 그의 그림 또한 외형적인 사건의 묘사보다는 인간 내면의 움직임을 묘사하여 표현의 깊이를 더했습니다.

예수님이 대제사장 공관에서 종교재판을 받는 동안 공관 밖에서 기다리고 있던 베드로는 대제사장의 여자 하인에게 신원이 노출됩니다. 하녀가 베드로의 얼굴에 촛불을 들이대자 머리에 두건을 쓴 베드로의 동작이 환히 드러납니다. 하녀는 베드로에게 예수와 한 패거리가 아니냐고 다그칩니다. 그러자 베드로는 자신의 체포를 두려워한 나머지 한 손은 가슴에 얹고 또 한 손은 앞으로 내밀어 마치 솔직한 대답을 하는 몸짓을 취하면서 황급히 예수를 모른다고 손을 젖고 있습니다. 하녀와 베드로의 대화를 옆에서 듣고 있던 두 병사는 확인이라도 하듯이 뚫어지게 베드로를 쳐다보고 있습니다. 오른쪽

앞 그림의 부분. 대제사장 공관에서 예수 패거리로 체포될까 두려워 예수님을 모른다고 부인하고는 죄책감에 휩싸이는 베드로의 내면의 모습을 보여주고 있다. 예수님은 마치 환영처럼 어둠 속에서 베드로를 돌아다보고 있다.

저 멀리 어둠 속에서는 대제사장의 심문을 받고 있던 예수님이 마치 환영처럼 베드로를 뒤돌아보고 있습니다.

이 작품 또한 렘브란트의 화풍대로 빛을 주제로 삼고 있습니다. 촛불의 조명에 의해 밝음과 어둠이 대비되면서 강렬한 빛의 색상이 짙은 어둠 속에서 돋아나고 있습니다. 인물들의 윤곽이 다소 거칠어 보이는 것은 거친 붓놀림과 어둠의 탓일 것입니다. 이 그림은 베드로가 예수를 부인한 사건의 사실적인 내용보다는 촛불에 의해 드러나는 베드로의 나약하고 미묘한 내면의 움직임을 절묘하게 보여주는 렘브란트 후기의 대표적인 성화입니다.

46. 십자가형을 받으심

다음 날 아침이 되자, 모든 제사장과 백성의 장로들이 예수님을 죽이려고 논의를 하였습니다. 그들은 예수님을 묶어, 총독인 빌라도에게 데려가, 그에게 넘겨 주었습니다…
빌라도가 물었습니다. "그러면 그리스도라고 하는 예수는 어떻게 해야 하겠느냐?" 사람들은 모두 대답했습니다. "그를 십자가에 매달아 죽이시오!"
빌라도가 물었습니다. "그 이유가 무엇이냐? 그가 무슨 악한 일을 했느냐?"
그러자 사람들은 더 크게 소리쳤습니다. "그를 십자가에 매달아 죽이시오!"
빌라도는 자기로서는 어찌할 도리가 없다는 것을 깨달았습니다. 그리고 잘못하면 폭동이 일어날지 모른다고 생각하였습니다.
그래서 그는 물을 떠다가 사람들 앞에서 손을 씻으며 말했습니다. "나는 이 사람의 피에 대하여 아무런 책임이 없다. 너희가 알아서 해라."
사람들이 한결같이 대답했습니다. "그의 피에 대한 책임은 우리와 우리 아이들이 지겠습니다." 결국 빌라도는 바라바를 풀어 주었습니다.
그리고 예수님을 채찍으로 때리게 한 후, 십자가에 매달도록 내어 주었습니다.

빌라도로부터 십자가형을 선고받다

유대 종교재판에서 신성을 모독했다는 죄로 예수님을 사형에 처하기로 의결하고 로마총독 빌라도 앞으로 끌고 갔습니다. 사형을 집행할 권한은 로마총독에게 있었기 때문입니다.

46. 빌라도 앞에 선 예수 그리스도 자코포 틴토레토, 1566~67년, 유채화, 베네치아 스쿠올라 디 산 로코 미술관 소장

빌라도는 끌려온 예수님을 다시 심문하였습니다. 그러나 그는 끝내 예수님에게서 대제사장이 고소한 죄목을 찾지 못했습니다. 그래서 유월절 축일이면 백성이 원하는 죄수 한 명을 총독이 사면해 주는 관례에 따라 빌라도는 예수님을 풀어 주고자 했습니다. 그러나 대제사장들의 사주를 받은 군중은 예수님을 십자가에 못 박게 하고 대신에 바라바라는 강도를 풀어 주라고 소리쳤습니다. 결국 빌라도는 예수님의 죄목도 찾지 못한 채 어처구니 없게도 군중의 충동질에 못이겨 예수님을 십자가형에 처하라고 명령했습니다.

예수님은 빌라도가 이상히 여길 정도로 말이 없었습니다. 자신을 죽이려 하는 사람들 앞에서 한마디도 자신을 변호하지 않았습니다. 군중은 예수님으로부터 돌아섰고 제자들은 제 목숨 챙기느라 뿔뿔이 도망쳤습니다. 예수님 홀로 하나님에 대한 흔들림없는 믿음을 간직한 채 앞으로 가해질 수난을 묵묵히 받아들였습니다.

틴토레토 – 빌라도 앞에 선 예수 그리스도
이 그림은 예수님이 빌라도 앞에서 재판을 받는 광경을 그린 16세기 후반의 이탈리아 화가 자코포 틴토레토의 작품입니다.

그는 티치아노의 영향 아래 전성기 르네상스 화가들의 고전적인 화법에서 벗어나려는 태도를 지향하면서 거친 붓질과 대담한 색채로 화면에 극적인 긴장감을 높임과 아울러 베네치아 화파의 매너리즘적인 특성을 한 걸음 더 발전시키고 있습니다.

이 그림은 예수님 전면으로 오묘하게 다가오는 비현실적인 빛에 의해서 예수님을 재판하는 광경이 마치 환영처럼 드러나고 있습니다. 빌라도의 손짓하는 모습을 바라보는 예수님은 두려움이나 재판의 권위에 전혀 위축되어 보이지는 않습니다. 빌라도는 재판장으로서 위엄을 보이기보다는 마음의 동요를 숨기지 못하고 불안감에 싸여 시종이 떠온 물에 손을 씻고 있습니다. 두 손이 묶인 채 홀로 하얗게 온몸을 드러내고서 꼼짝않고 서 있는 예수님과 다소 비현실적으로 고개를 돌리고 손을 씻는 빌라도를 극적으로 대비시키고 있습니다. 그리고 예수님 뒤편으로는 포승줄을 놓지 않으려고 몸을 비트는 병사, 격한 감정에 싸인 대제사장과 군중이 한 덩어리가 되어 이 재판에 대한 책임을 지지 않겠다는 태도를 보이는 빌라도를 바라보며 난처한 표정을 짓고 있습니다. 이들과는 무관한 듯 빌라도의 발 아래로 서기가 쪼그려 앉아 재판을 기록하고 있습니다.

각기 서로 다른 동작으로 움직이고 있는 인물들 속에서 오직 흰 빛에 감싸인 예수님만이 홀로 동떨어져 마치 유령처럼 움직임없이 고요에 싸여 있습니다. 흰 옷을 걸치고 재판관 앞에 묵묵히 서 있는 예수님의 모습에서 범접할 수 없는 숭엄한 느낌을 주는 것은 바로 빛과 색채입니다. 강렬하고 예리한 색채, 밝음과 어둠의 뚜렷한 대비, 인물들의 다소 과장된 듯한 몸짓들이 다소 왜곡된 공간 속에 서로 어우러져 곧 터질 것 같은 긴장감을 자아내면서 신비와 환영의 세계로 이끌어가고 있습니다.

47. 채찍질을 당하심

총독의 군인들이 예수님을 총독의 관저로 끌고 들어갔습니다. 그러자 모든 부대 병사들이 예수님 주위로 모였습니다.
그들은 예수님의 옷을 벗기고 대신에 붉은 색 옷을 입혔습니다.
그리고 가시로 왕관을 엮어 예수님의 머리 위에 씌웠습니다. 그들은 예수님의 오른손에 지팡이를 쥐어 주었습니다. 그리고 "유대인의 왕, 만세!"라고 말하며 예수님에게 무릎을 꿇고 절하면서 놀렸습니다.
그들은 예수님에게 침을 뱉고 지팡이를 빼앗아 예수님의 머리를 쳤습니다.
예수님을 실컷 조롱한 후에 붉은 색 옷을 벗기고 원래의 옷으로 다시 입혔습니다.

병사들에게서 철저하게 조롱을 당하고 채찍질을 당하다
십자가형의 선고를 받은 예수님은 총독 관저의 뜰로 끌려와 병사들에게서 철저하게 모욕을 당합니다. 병사들은 그분을 조롱거리로 삼으려고 그분의 머리에 월계관 대신 가시로 된 왕관을 씌우고 가짜 왕의 옷을 입혀 우스꽝스러운 모습으로 꾸몄습니다. 그런 다음 그분에게 무릎 꿇어 절하고 희롱하고 침을 뱉고 지팡이로 머리를 치고 채찍을 휘둘렀습니다. 마음 내키는 대로 그분을 가지고 놀았습니다.

그러나 예수님은 아무런 저항도 하지 않았습니다. 갖은 수모와 고통을 참고 견뎠습니다. 한마디 항변도 하지 않았습니다. 꾸짖거나 타이르지도 않았

47. 가시 면류관을 쓰고 매질을 당하는 예수 그리스도 베셀리 티치아노, 1540~42년, 나무판에 유채화, 파리 루브르 미술관 소장

습니다. 완전히 희생자가 되었습니다. 철저하게 버림받고 철저하게 무력하였습니다. 예수님은 말없이 우리의 고통을 몸소 나누어 가졌습니다.

티치아노 – 가시 면류관을 쓰고 매질을 당하는 예수 그리스도
이 그림은 예수님이 가시관을 쓰고 매질을 당하는 모습을 소재로 삼은 16세기 이탈리아 화가 베셀리 티치아노의 작품입니다.

뛰어난 재능을 지녔던 그는 벨리니에 이어 베네치아 화파를 이끌었으며 시각적이고 활달한 화면 구성과 폭넓은 채색으로 회화를 심오하게 표현하여 거장다운 면모를 보여 주었습니다.

이 작품의 주된 초점은 등장하는 인물들의 역동적인 자세와 표정에 있습니다. 다섯 병사들이 예수님에게로 달려드는 극적인 구도를 취하면서 매질을 하는 병사들의 격렬한 몸놀림과 고통을 견디지 못하고 몸을 뒤트는 반라의 예수님 모습을 짙은 음영으로 한데 얽어 놓았습니다.

양손이 묶인 예수님에게 우람스러운 체격의 병사들이 번갈아가며 매질을 하면서 즐기듯이 그분을 조롱하고 있습니다. 두 병사는 온 힘을 다해 머리에 씌운 가시 면류관을 기다란 작대기로 무자비하게 눌러 고통을 가하자 예수님은 고통을 참느라 입은 벌어지고 정신은 혼미하여 눈길은 허공을 향하고 있고 표정도 일그러져 있습니다. 젖혀진 고개와 뒤틀린 몸은 벌어진 두 다리로 버티기가 어려울 정도로 탈진한 모습입니다.

어두침침한 닫힌 공간 속에서 가해자들의 막대기와 오른쪽에서 들어오는 엷은 빛이 대각선을 이루면서 여섯 인물들의 격렬한 동작이 드러납니다. 빛은 외부에서 들어오기보다는 내부에서 떠오르는 것 같아 다소 투명하게 보입니다. 활달한 붓질과 뛰어난 소묘 그리고 예수님을 향해 달려드는 병사들의 동작이 조각적인 모습을 띠고 있습니다. 채색 또한 두텁고 거칠어 인물들

앞 그림의 부분.
우람스런 병사들이 조롱삼아
예수님에게 가시 면류관을
씌우고 작대기로 무자비하게
머리를 누르자 예수님은
고통에 못 이겨 입을 벌리고
몸을 뒤틀고 있다.

의 동작과 근육이 힘차 보입니다. 모든 것이 각지고 거칠고 뒤흔들리고 잔혹스럽습니다. 존엄과 위엄을 잃고 모진 고통을 견디는 예수님의 참담한 모습과 무자비한 가학이 긴장감으로 뒤엉켜 극적인 구도를 이루면서 인간의 더없는 야만스러움과 잔학성을 보여주고 있습니다.

48. 골고다로 가는 길

군인들은 십자가에 못 박으려고 예수님을 끌고 나갔습니다.
그때 시골에서 온 구레네 출신의 시몬이 지나가고 있었습니다. 군인들은
시몬에게 강제로 예수님의 십자가를 지게 했습니다.
군인들은 예수님을 '해골의 지역'이라는 뜻을 가진 골고다로 끌고 갔습니다.

십자가를 지고 죽음의 골짜기를 향해 걷고 또 걷다

밤새 조롱과 채찍질을 당하여 기진한 예수님은 자신의 몸보다 갑절이나 무거운 치욕의 십자가를 짊어지고 빌라도 관저를 나와 처형장인 골고다까지 가야했습니다. 많은 군중이 이 광경을 보려고 길가로 나와 있었습니다. 이런 광경을 공개적으로 보여주는 것은 로마제국의 위세를 과시하고 사회를 통제하려는 속셈이었습니다.

그러나 예수님은 너무도 기진하여 몇 걸음 걷다 말고 넘어지곤 했습니다. 자신의 힘으로는 십자가를 짊어지고 가지 못해 끝내 엉뚱한 사람의 도움을 받아야 했습니다. 한 걸음 한 걸음 죽음을 향해 나아가는 예수님은 얼마나 나약한 모습입니까! 그지없이 나약한 모습으로 예수님은 이 지상에서 이루려 했던 그 일을 행하려고 우리들에게서 도움을 받으며 묵묵히 죽음의 골짜기인 골고다를 향해 걷고 또 걷습니다.

48-1. 십자가를 지고 가는 예수 그리스도 히에로니무스 보스, 1514~16년, 유채화, 헨트 왕립미술관 소장

보스 - 십자가를 지고 가는 예수 그리스도

이 그림은 십자가를 지고 가는 예수님의 모습을 그린 16세기 초엽의 네덜란드 화가 히에로니무스 보스의 작품입니다.

북유럽 미술이 찬란하게 빛나던 16세기 초엽, 그는 네덜란드 화단을 자랑스럽게 지킨 위대한 화가였습니다. 그는 과학적 사고로 이상적인 아름다움을 추구하던 이탈리아 르네상스의 물결에 동조하기보다는 그의 무한한 상상력을 바탕으로 북유럽의 독특한 미술세계를 창조했습니다. 이 그림에서 보듯이 그는 흔한 소재일망정 인간 표정에 대한 탐구와 종교적 상상력으로 놀랄만큼 뛰어난 작품을 남겼습니다.

예수님은 무거운 십자가를 지고 골고다를 향하고 있습니다. 많은 인물들이 그분을 둘러싸고 있습니다. 그런데 그 인물들은 어둠 속에서 상체만 드러낸 채 험상궂고 미움에 찬 표정을 짓고 있습니다.

예수님과 유일한 여성 베로니카를 제외한 그 밖의 인물들은 찌그러지고 주름진 얼굴, 매부리코와 주먹코, 움푹 들어가거나 튀어나온 눈, 날카롭게 쏘아보는 눈초리, 이가 빠지거나 씹는 듯 다물지 못하는 입 등 한결같이 험상궂게 생긴 야수의 얼굴입니다. 위쪽 중앙의 사제마저 탐욕스럽고 야비한 얼굴입니다.

그림 중앙의 십자가를 맨 예수님의 얼굴은 죄악으로 들끓는 세상 가운데에서 홀로 평화와 고요에 싸여 있습니다. 눈물을 흘리며 예수님을 뒤따라 오던 베로니카는 그분의 얼굴이 나타난 수건을 펼쳐보이며 슬픔을 삭이고 있습니다. 그분의 얼굴에서 흐르는 피땀을 자신의 수건으로 닦아주었더니 수건에 예수님의 얼굴이 나타났던 것입니다. 예수님이 진 십자가에 눌려 턱을 앞으로 내민 왼쪽의 인물이 구레네의 시몬이고, 오른편 위쪽의 창백한 인물과 아래쪽 구석의 인물이 십자가형을 선고받은 두 강도입니다.

앞 그림의 부분.
예수님을 죽음으로
몰아가는 이 세상에는
탐욕스럽고 야비하고
험상궂은 야수의 얼굴을
한 인간들이 넘친다.

　이 그림은 같은 시대의 플랑드르 화파의 심리적인 표현 방식을 본받고 있으면서 정교한 표정 묘사를 통해 인간의 본성을 숨김없이 드러내고 있습니다. 또한 얼굴 표정만으로 화면을 가득 채우면서 공간의 깊이를 지우고 있습니다. 그러나 무엇보다 평화와 고요에 싸인 예수님 얼굴과 악의에 찬 악마 같은 인간의 얼굴을 강렬하게 대비시킴으로써 조화와 균형을 잃어버린 혼돈의 세계에서 질서의 세계로 옮아가려는 간절한 바람을 드러냄과 함께 냉혹한 인간성에 대한 강한 시사를 던져주고 있습니다.

48-2. 십자가를 지고 가는 예수 그리스도　페터 파울 루벤스, 1634년, 유채화, 암스테르담 미술관 소장

루벤스 – 십자가를 지고 가는 예수 그리스도

이 그림은 예수님이 십자가를 지고 골고다 언덕을 오르는 모습을 소재로 삼은 17세기 플랑드르 화가 페터 파울 루벤스의 작품입니다.

그는 이탈리아 르네상스 회화처럼 정제되고 한정된 공간 안에 안주하기보다는 대각선 구도에 의해 운동감 넘치는 인물들로 하여금 공간을 확장시켜가면서 그 넘치는 힘으로 보다 깊고 강렬한 감정의 세계를 펼쳐 보이고 있습니다.

이 그림 또한 대각선 구도를 취하면서 북적거리는 수많은 인물들의 움직임과 빛의 힘으로 공간을 화면 밖으로까지 끌고 가려는 역동감이 넘치고 있습니다.

말을 탄 로마 기마병을 뒤따르며 언덕을 오르던 예수님은 지친 몸을 가누지 못해 쓰러지고 맙니다. 이 모습을 보고 애처로워 황급히 손을 내미는 어머니 마리아를 옆에 있는 요한이 부축합니다. 막달라 마리아는 가시관에 찔려 피를 흘리는 예수님 얼굴을 수건으로 닦아줍니다. 예수님이 쓰러지면서 내리누르는 십자가를 구레네 출신의 시몬이 힘을 다해 받치고 있습니다. 그림 아래 쪽에는 두 강도가 묶인 채로 로마 병정에 의해 끌려가고 있습니다. 이런 혼잡한 행렬 속에서 아기를 안은 예루살렘 여인들이 멀리서 이 광경을 보고 눈물을 적시고 있습니다.

이 그림은 음산한 하늘, 소란스러운 행렬 속의 수많은 인물들의 동작과 다양한 표정, 근육질의 인물들과 기진하여 쓰러진 나약한 예수님의 대비와 같은 요소들이 하나의 무대가 되어 힘있고 강렬한 극적인 세계를 연출하면서 예수님의 수난의 고통을 우리들 마음속에 통절하게 새겨주고 있습니다.

49. 십자가에 못 박히심

'해골'이라 불리는 장소에 와서 사람들이 예수님과 다른 죄수들을 십자가에 못 박았습니다. 한 사람은 예수님의 오른쪽에, 또 하나는 왼쪽에 매달렸습니다.
예수님은 말했습니다. "아버지, 저 사람들을 용서하여 주소서. 저들은 자기들이 하고 있는 일을 알지 못합니다."
사람들이 제비를 뽑아 누가 예수님의 옷을 차지할지 결정했습니다. 사람들은 곁에 서서 바라보았습니다…
예수님 위에 '유대인의 왕'이라고 죄목이 쓰여 있었습니다.

십자가 위에서 다함없는 사랑을 보여주다

십자가 처형은 인간의 존엄성을 짓밟는 가장 잔인한 형벌입니다. 참수형이나 화형과는 달리, 십자가 처형은 죽음에 이르는 긴 시간 내내 고통이 가해지는 형벌입니다. 십자가에 매달려 숨을 쉴 때마다 못 박힌 자리가 움직이게 되어 숨통을 죄는 극심한 고통을 겪게 됩니다.

　예수님에게 형이 집행되었습니다. 사형 집행자들은 그분의 양 손바닥에 못을 박았습니다. 발등에도 큰 못을 박았습니다, 그리고는 그분의 머리 위에 '유대인의 왕'이라는 죄패를 달고는 십자가를 세웠습니다. 머리에는 붉은 피가 흘러내렸고 극심한 고통이 엄습했습니다.

　그런데 그분을 십자가에 매달았어도 그분의 마음을 닫게 하지는 못했습니

49. 십자가를 세움 페터 파울 루벤스, 1606~10년, 나무판의 유채화, 파리 루브르 미술관 소장

다. 그분은 오히려 자신을 죽이는 사형 집행자들을 용서해 주기를 하나님께 기도하였습니다. 자신을 비웃고 괴롭히고 잔인하게 못 박아 죽이려는 사람들까지 그분의 품에 안았습니다.

십자가 위에서 예수님은 조건없는 사랑이 어디까지인지를 보여 주었습니다.

루벤스 - 십자가를 세움

이 그림은 예수님이 못 박힌 십자가를 세우는 장면을 소재로 한 17세기 플랑드르 화가 페터 파울 루벤스의 세폭 제단화의 중앙 패널입니다.

이탈리아 유학에서 돌아온 그는 예전과 다른 거대한 화면 위에 많은 인물을 배치하고 대각선 구도 속에 밝고 다양한 빛과 색채를 완숙하게 사용하여 생기와 활력을 불어넣어 새로운 깊이의 감정 속으로 몰입시킴으로써 북유럽의 플랑드르 미술을 세계 미술로 등장시켰습니다.

십자가에 못 박힌 예수님에 초점을 맞추면서 예수님 주위로 십자가를 세우려는 근육질의 인물들이 한 덩어리로 엉켜 있습니다. 예수님은 십자가의 고통을 이기려고 알몸에 가까운 몸을 뒤틀면서 눈길은 하나님을 찾아 하늘을 향하고 있습니다. 십자가를 세우는 로마 병사들과 사형 집행인들이 서로 힘을 모으는 동작에는 육체적인 풍만함이 넘치고 격정은 억셉니다. 오로지 왼쪽의 갑옷 입은 병사의 시선만이 하늘을 향하고 있는 그분의 시선을 뒤쫓고 있습니다.

서로 뒤엉킨 육체들은 한 덩어리가 되어 불안정한 삼각 구도를 이루면서 당당한 힘이 솟아나고 있습니다. 아울러서 점차 창백해져 가는 예수님의 육신의 살색과 병사들의 혈색 넘치는 육체의 살색을 능숙한 채색으로 구분 짓고 있습니다. 십자가 형틀, 뒤틀린 나무의 잎들, 병사의 갑옷 그리고 곱슬

앞 그림의 부분. 예수님의 창백해지는 살색과 사형 집행자의 우람한 육체의 살색을 능숙하게 대비시키고 있다.

개의 세부 묘사는 플랑드르 화파의 전통적인 사실적 기법을 그대로 따르고 있습니다. 놀랍게도 이러한 여러 요소들이 하나로 탁월하게 통합되고 있습니다.

거침없는 붓놀림에 의해 대각선 방향으로 뻗어가려는 운동감이 넘치고 빛과 어둠이 대립하는 가운데 인물들의 각기 다른 동작이 서로 어우러져 화면 속에서 극적인 힘을 분출하고 있으며, 규모나 구성에 있어서도 이전의 어떤 작가에서 볼 수 없을 정도로 웅대함과 비장함이 넘쳐흘러 성화의 면모를 일신하고 있습니다.

50. 십자가에서 돌아가심

낮 12시부터 오후 3시까지 온 땅이 어둠에 덮였습니다. 오후 3시쯤에 예수님은 큰 소리로 외쳤습니다. "엘리, 엘리, 라마 사박다니." 이 말은 '나의 하나님, 나의 하나님, 어찌하여 나를 버리셨습니까?'라는 뜻입니다.
거기 서 있던 사람들이 이 말을 듣고 말했습니다. "이 사람이 엘리야를 부른다." 그러자 얼른 한 사람이 뛰어가서 해면을 가져다가 신 포도주를 적셨습니다. 그리고 예수님이 마시도록 지팡이에 매달아 주었습니다. 나머지 사람들이 말했습니다. "가만 놔두어라. 엘리야가 그를 구원하러 오나 보자."
다시 예수님이 큰 소리로 외쳤습니다. 그리고 숨을 거두었습니다.

당당히 받아들이는 죽음

"나의 하나님, 나의 하나님, 어찌하여 나를 버리셨습니까"라는 예수님의 외침은 하늘을 향한 극도의 비통함을 내뱉는 울부짖음이었습니다. 깊은 외로움이 묻어나는 애절한 절규였습니다.

이러한 절규를 내뱉고 예수님은 십자가 위에서 숨을 거두었습니다. 죽음을 이기기 위해 죽음을 받아들이고 죽음 속으로 들어갔습니다. 깊은 고요 속에서 이 세상을 떠나갔습니다. 하나님은 당신의 계획을 성취하면서 예수의 거룩함을 훼손시키지 않으려고 끝까지 침묵을 지켰습니다.

수난을 받는 동안 무척이나 연약해 보였던 예수님은 자신의 죽음을 순순히

50-1. 십자가에 못 박힌 예수 그리스도(부분) 마티아스 그뤼네발트, 1512~16년경, 4단패널, 콜마르 운테를린덴 미술관 소장

받아들이는 당당함을 보여주었습니다. 그분이 죽고 나서야 그분이 생전에 한 말과 행동이 무슨 뜻인지 확연히 드러나기 시작했습니다. 그분의 죽음이 끝이 아니라 이제 결실을 맺는 새 생명의 시작임을 알려주고 있습니다.

그뤼네발트 - 십자가에 못 박힌 예수 그리스도

이 그림은 혹독하게 채찍질당하고 십자가 위에서 참혹하게 숨을 거둔 예수님을 그린 16세기 독일 화가 마티아스 그뤼네발트의 작품입니다. 이 작품은 독일의 알자스 지방의 이젠하임에 있는 성 안토니우스 수도원의 예배당을 위해 제작된 "이젠하임 제단화"의 4단 패널 중의 가운데 그림입니다.

그뤼네발트는 알브레히트 뒤러와 같은 시대에 활동했습니다. 그러나 일찍이 국제적으로 명성을 떨친 뒤러와는 달리, 그는 오랫동안 세상에 묻혀 있다가 20세기에 들어서면서 그의 작품에 대한 재평가를 받기 시작했습니다.

예수님 수난에 관심이 많았던 그는 이전에 볼 수 없었던 대담하고 폭넓은 색채를 사용하여 육감적이고 격정적인 감정을 숨김없이 드러내면서도 경외감을 자아내게 하는 성화의 한 경지를 개척했던 범상치 않은 작가였습니다.

어둡고 황량한 풍경 속에 잔뜩 찌푸린 하늘을 등 지고 엉성하게 깎아 만든 가로 들보가 체중을 이기지 못해 다소 휘어진 십자가에 매달려 예수님은 처절히 죽어 갔습니다. 몸은 창백하고 배는 푹 들어갔으며 팔은 체중으로 인해 늘어나 있습니다. 끔찍한 상처로 뒤범벅이 된 십자가 처형의 야만성을 소름이 끼칠 정도로 현장감 넘치게 사실적으로 묘사하고 있습니다. 날카로운 가시 면류관에 찔린 이마의 자국들, 가시채찍으로 매질을 당하여 살이 찢긴 푸르스름한 상처와 군데군데 박힌 가시들, 뼈가 보일 정도로 앙상한 몸매, 옆구리에서 솟아나는 진홍빛 핏자국, 갈기갈기 찢겨나간 아랫도리 옷에서 보듯이 극심한 고통에 몸부림치다가 고개를 떨군 채 입까지 벌이고 예수님은 참

앞 그림의 부분. 날카로운 가시 면류관을 머리에 쓴 채 잔인한 매질을 당하여 몸 군데군데 가시가 박힌 예수님이 고통에 몸부림치다가 고개를 떨구고 참담히 죽어간 모습을 숨김없이 사실적으로 묘사하고 있다.

담히 죽어 갔습니다. 예수님에게 가한 야만스럽고 잔인한 처형을 숨김없이 과감하게 드러내고 있습니다. 이 작품은 예수님에 대한 십자가 참형을 극단에까지 밀고나가 마치 인간의 폭력성을 고발하는 듯한 강렬한 충격 속으로 몰아넣고 있습니다.

루벤스 - 십자가 위의 예수 그리스도

이 그림은 예수님이 십자가 위에서 숨을 거두는 장면을 소재로 한 17세기 플랑드르 화가 페터 파울 루벤스의 작품입니다.

그는 전성기에 접어들면서 웅대한 구상과 탁월한 표현력으로 바로크 미술의 정점에 올랐습니다. 구성은 한층 짜임새 있고 명료해졌으며 채색은 완숙한 붓놀림으로 더욱 생기있고 눈부셨습니다. 등장하는 인물들은 저마다 개

50-2. 십자가 위의 예수 그리스도 페터 파울 루벤스, 1620년, 유채화, 안트와프 왕립미술관 소장

성을 드러내면서 운동감이 넘쳤으며 화면은 한층 극적이면서 강렬했습니다.

이 그림은 그의 전성기 때의 작품으로 그의 예술을 집약하고 있습니다. 구성은 장대하고 구도는 투시법과 명암법으로 각 부분이 교묘히 짜맞추어져 있습니다. 뛰어난 구도 속에 등장하는 인물들은 제 나름의 동작과 함께 그들의 개성을 드러내고 있습니다.

예수님은 고개를 떨군 채 죽음을 맞습니다. 온 하늘이 어둠에 덮이고 저 멀리 지평선으로 지는 햇살은 말의 갈기에 머물렀다가 십자가 위의 예수님 전신을 비추면서 강도의 상체를 거쳐 허공으로 사라집니다. 말을 탄 로마 병사가 죽음을 확인하기 위해 사납게 창으로 예수님 옆구리를 찌르자 붉은 피가 흐릅니다. 그러나 숨을 거둔 예수님의 늘어진 몸은 아무런 요동도 없습니다. 오히려 양 옆의 두 강도가 몸을 뒤틀고 격렬한 몸짓을 보이고 있습니다. 한 병사는 사다리 위로 올라가 강도의 다리를 부러뜨리려고 쇠막대기로 가격할 동작을 취하고 있습니다. 이들 두 강도의 숨을 빨리 거둘 심산이었습니다.

아래쪽에는 깍지를 낀 푸른 옷의 마리아와 붉은 옷의 요한이 이 광경을 차마 보지 못하고 몸을 돌린 채 깊은 슬픔에 잠겨 있습니다. 막달라 마리아는 십자가를 감싸며 예수님을 찌르는 로마 병사를 말리고 있습니다.

다소 어수선하면서도 힘찬 붓질과 풍부한 색채 속에 등장하는 인물들은 저마다 움직임 속에 있으나 오직 빛 속에 전신을 드러내며 고개를 떨군 채 미동도 없이 십자가에서 죽음을 맞는 예수님의 모습은 우리를 형언할 수 없는 장엄함과 비장함 속으로 몰아넣고 있습니다.

51. 십자가에서 내려지심

> 이미 날이 저물었습니다. 이 날은 준비하는 날, 곧 안식일 바로 전날이었습니다. 아리마대 출신의 요셉이 빌라도에게 와서 예수님의 시신을 달라고 부탁했습니다. 이 사람은 존경받는 유대 의회원이었고, 하나님 나라를 기다리는 사람이었습니다. 빌라도는 예수님이 이미 죽었는지 궁금했습니다. 그래서 백부장을 불러 예수님이 죽었는지 물었습니다. 백부장으로부터 확답을 들은 후 빌라도는 그 시신을 요셉에게 내어주었습니다. 요셉은 긴 베를 사가지고 와서 예수님을 십자가에서 내려서 쌌습니다.

흰 천에 싸여 힘없이 내려지는 예수님의 시신

예수님이 십자가에서 죽음을 맞자 뜻밖의 지지자가 나타납니다. 하마터면 안식일 내내 십자가에 매달려 있을 뻔한 예수님이 뜻밖의 지지자 아리마대 요셉을 만나 그의 담대한 도움으로 간신히 십자가에서 내려집니다.

흰 천에 싸여 내려지는 예수님은 긴 안식 속으로 빠져들지만 그분을 에워싸는 것은 모든 것을 이룬 신비스런 고요였습니다. 참된 빛 속으로 나아갈 수 있는 길을 열어 준 장엄한 침묵이었습니다. 그러기에 십자가 위에서 두 팔을 벌린 채 죽은 예수님을 바라보면 그분에게 안기고 싶은 사랑을 느낍니다. 능력이 넘치는 기적에서보다는 예수님 몸에서 피처럼 흘러넘치는 사랑에서 예수님을 한층 더 강하게 느낍니다.

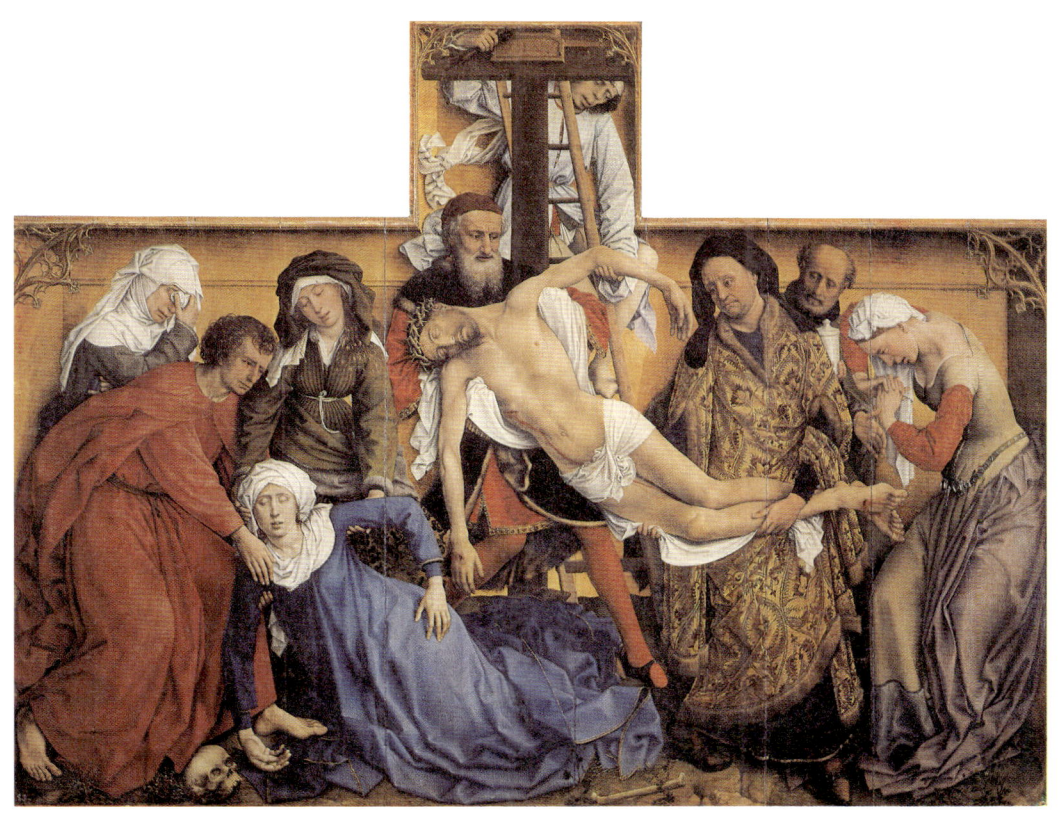

51-1. 십자가에서 내려지는 예수 그리스도 로히드 반 데르 베이덴, 1435~40년, 나무판에 유채화, 마드리드 프라도 미술관 소장

로히드 반 데르 베이덴 – 십자가에서 내려지는 예수 그리스도

이 그림은 십자가에서 내려지는 예수님을 주제로 삼은 15세기 네덜란드 화가 로히르 반 데르 베이덴의 작품입니다.

번창하는 네덜란드의 상업과 더불어 발견된 유화의 개발에 따라 색의 밝기, 빛의 미묘한 진동과 같은 현상을 표현할 수 있는 길이 열리게 됨으로써 플랑드르 회화는 한층 풍요로워졌습니다. 반 데르 베이덴 또한 그의 선배들에 의해 개발된 새로운 표현 기법에 힘입어 고딕 양식이 전해준 종교적인 테마를 한층 높은 인간 정신의 세계로 끌어 올렸습니다.

이 그림은 화면의 짜임새도 뛰어나고 윤곽 또한 명확합니다. 머리카락에서 옷주름에 이르기까지 모든 세부를 충실하게 묘사하고 있습니다. 그러나 현실적인 장면의 느낌보다는 무대적인 장면의 느낌을 주고 있습니다.

실제보다는 다소 깊이 눌러씌운 가시관 아래로 응고된 듯이 흘린 피와 고통으로 패인 예수님 이마의 주름살이 선명합니다. 그리고 하얀 두건을 쓴 마리아는 얼굴에 핏기를 잃고 깊은 슬픔으로 흘린 눈물자국이 남아 있습니다. 빨간 모자를 쓴 아리마대 요셉과 검은 두건을 쓰고 호사스런 옷을 입은 니고데모가 내려지는 예수님을 하얀 천으로 감싸는 한편, 붉은 옷을 입은 요한이 넋을 잃고 혼절한 마리아를 급히 부축하고 있습니다. 요한의 발 밑에서 뒹구는 해골은 아담의 원죄를 상징합니다.

예수님을 중심으로 아홉 인물들이 양쪽으로 나뉘어 있습니다. 등장하는 인물들은 한결같이 눈길을 아래로 두고 비통에 찬 몸부림과 표정으로 인간 내면의 모습을 정밀하게 드러내고 있습니다. 예수님의 발 쪽에는 막달라 마리아가 손을 모으고 슬픔에 젖어 있습니다. 마리아의 혼절한 자세는 예수님의 자세와 비슷해서 두 사람이 서로 고통을 나누는 듯하면서 좌우 두 그룹의 인물들을 무리없이 이어주고 있습니다.

앞 그림의 부분.
깊은 슬픔으로 핏기를 잃은 채
혼절한 마리아의 얼굴에 흘린
눈물자국과 우아하게 흐르는
옷주름에서 플랑드르의 사실적인
회화 전통을 엿볼 수 있다.

  풍부하고 선명한 색채, 부드럽게 처리된 그림자, 우아하게 주름잡힌 옷주름 그리고 뛰어나게 균형잡힌 구도는 플랑드르 회화의 전통을 엿볼 수 있게 합니다. 예수님이 십자가에서 내려지는 모습을 자연 풍경 속에 두기보다는 건축적 공간 속에 배치한 것은 작가의 기발한 발상입니다.

  이 대담한 구상은 채색된 조각상처럼 서로 붙어 있는 인물들을 질서있게 배치하여 보는 사람의 눈길을 집중시키고 있습니다. 십자가에서 내려지는 사실적인 사건보다는 인간 내면으로 파고드는 비통함을 깊이있게 드러내어 더할 수 없는 비극적 감동을 불러일으키고 있습니다.

51-2. 십자가에서 내려지는 예수 그리스도 렘브란트 반 레인, 1632~33년, 유채화, 뮌헨 알트 피나코텍 미술관 소장

렘브란트 - 십자가에서 내려지는 예수 그리스도

이 그림은 예수님이 십자가에서 내려지는 모습을 주제로 삼은 17세기 네덜란드 화가 렘브란트의 작품입니다.

세상을 빛과 어둠의 대립으로 여기고 종내에는 어둠을 물리치는 빛의 능력을 확신했던 그는 대범한 구도와 절제된 색조 그리고 극적인 빛의 처리로 그의 예술을 바로크 회화의 정점을 향해 거침없이 펼쳐 나아갔습니다.

이 그림은 그의 초기 작품으로, 화면을 장려하기보다는 엄숙하게, 활력이 넘치는 인물의 동감보다는 조용하고 차분하게, 강렬한 감정보다는 절제된 감정으로 인간의 내면을 향하고 있습니다.

군데군데 피가 묻은 십자가에서 혈기 없이 늘어진 예수님의 시신을 흰 천에 싸서 몇 사람이 조심스럽게 아래로 내리고 있습니다. 내려지는 시신은 나약하고 생기없는 모습입니다. 아래쪽에는 비통함에 못 이겨 넋을 잃고 쓰러진 마리아를 돌보는 막달라 마리아와 그 일행이 어둠에 묻혀 있고, 오른쪽에는 망토를 걸친 아리마대 요셉이 꼼짝않고 내려지는 예수님을 바라보고 있습니다. 배경이 되는 예루살렘 교외는 날이 저물어 어둠에 덮여 있으나 하얀 천에 싸여 내려지는 예수님의 시신에 빛이 집중적으로 모여 있습니다. 그래서 빛은 예수님 내면에서 우러나와 주위를 비추는 듯합니다. 렘브란트 특유의 명암법을 자유자재로 다루면서 밝은 곳의 인물들과 어둠 속의 인물들을 능숙히 통합하고 있습니다. 슬픔에 젖은 채 예수님의 오른팔을 붙들고 있는 푸른 옷의 청년은 렘브란트 자신입니다.

이 작품은 화면의 색조나 등장 인물들의 움직임을 극히 자제하면서 쓸쓸하고 적막한 가운데 힘없이 늘어진 예수님의 시신을 내리는 순간의 모습을 내향적인 성찰에 초점을 맞추면서 지울 수 없는 긴 여운으로 비극적 감정에 젖어들게 하고 있습니다.

52. 피에타

"아버지, 아버지의 손에 제 영혼을 맡깁니다." 이 말을 한 후 예수님은 숨을 거두었습니다.
예수님과 알고 지냈던 많은 사람들과 갈릴리에서부터 예수님을 따라온 여자들도 모두 멀리 서서 이 일을 바라보았습니다. 예수님의 어머니도 십자가 곁에서 예수님의 운명을 지켜 보았습니다. 하얀 천에 싸여 십자가에서 내려진 예수님의 시신을 부둥켜 안고 넋을 잃은 채 비통에 잠겼습니다. 뒤따라온 다른 여인들 또한 슬퍼하고 통곡했습니다.

예수의 시신을 안고 비통에 잠긴 마리아

아버지 손에 자신의 영혼을 맡긴다는 장엄하고 엄숙한 말을 남기고 예수님은 끝내 숨을 거두었습니다. 이 마지막 말씀을 남기고 숨을 거둔 예수님을 처음부터 지켜 보았던 사람은 여인들이었습니다. 제자들이 해야 할 일들이 이들 여인들에 의해 행해졌습니다. 여인들은 그분에게 기름을 부었고 제자와 함께 그분을 섬겼습니다. 여인들은 위험을 무릅쓰고 갈릴리에서 예루살렘까지 따라와 십자가 처형을 지켜 보았으며 마지막까지 그분의 고통을 함께했습니다.

예수님의 어머니 마리아도 십자가 곁에서 눈물을 삼키며 아들의 운명을 지켜 보았습니다. 어머니로서는 도저히 받아들일 수 없는 죽음이었습니다. 아

52-1. **피에타** 조반니 벨리니, 1460년, 유채화, 밀라노 브레라 미술관 소장

들의 죽음이 이 세상의 빛을 거두어 가는 듯 눈앞이 캄캄했습니다. 하얀 천에 싸여 십자가에서 내려진 아들의 시신을 안고 어머니 마리아는 넋을 잃은 채 견디기 어려운 비통함에 몸부림쳤습니다.

  피에타란 '애도', '연민'이란 이탈리아 말로 죽은 예수님을 안고 슬퍼하는 성모 마리아를 표현하는 미술의 한 양식입니다.

벨리니 – 피에타

이 그림은 죽음을 맞은 예수님을 두고 슬퍼하는 어머니 마리아를 표현한 15세기 말의 이탈리아 화가 조반니 벨리니의 작품입니다.

  그는 당시 피렌체 회화와 쌍벽을 이루었던 베네치아 회화의 리더로서, 명료한 형태감과 빛 가운데 스며 있는 따스하고 화려한 색채를 서로 원숙하게 조화시켜 인간의 정신성과 자연세계의 아름다움을 탐색했습니다.

  이 그림 또한 세 인물의 절제된 동작과 간결한 구도에도 불구하고 주의깊고 원숙한 채색으로 인물 내면의 깊은 슬픔을 드러내고 있습니다.

  가시관을 쓴 예수님의 얼굴은 고통을 이겨낸 듯이 고요합니다. 힘없이 늘어뜨린 왼팔을 석관 위로 내려놓은 예수님을 마리아와 요한이 부축하고 있습니다. 머리에 쓴 베일에 얼굴이 그늘진 마리아는 죽은 아들의 뺨에 자신의 뺨을 맞대며 아들을 바라보고 있습니다. 눈 언저리가 충혈되고 부풀어 오른 마리아는 아들의 오른손을 들어올려 손등의 못자국을 보여주면서 죄없이 죽은 아들의 희생을 상기시키고 있습니다. 그러나 비탄에 젖은 감정을 자제하는 표정이 역력합니다. 오른쪽 요한은 예수님을 부축하면서 슬픔을 이기지 못해 넋이 나간 채 입을 벌리고 목근육을 세워 어이없는 예수님의 죽음을 우리들을 향해 호소하는 듯합니다. 배경은 회색 빛으로 물드는 하늘 아래 멀리 예루살렘의 성이 보입니다.

앞 그림의 부분. 죽은 아들의 뺨에 자신의 뺨을 맞대고서 충혈된 눈으로 아들을 바라보는 어머니 마리아가 노을빛을 받으며 비통한 감정을 자제하고 있다.

인물들의 머리카락과 수염도 세밀하고, 정면으로 보이는 예수님의 옆구리에 찔린 상처와 두 손등의 못자국과 팔의 심줄도 선명합니다. 멀리 수평선이 보이는 원경의 건물들과 굽이져 흐르는 강물도 섬세하게 묘사했습니다. 그리고 어두워가는 회색조 하늘에 노을빛이 불그레 물드는 순간을 포착하여 색채와 빛을 능숙하게 조화시켜 서정성을 드러내면서 견고한 형태로 화면의 통일성을 부여하고 있습니다. 무엇보다 품위를 흐트리지 않고 기품있게 인물들의 절제된 감정 표현이 한층 더 깊은 비통함에 젖어들게 합니다.

들라크루아 - 피에타

이 그림은 예수님의 죽음 앞에서 애통해 하는 성모 마리아를 묘사한 19세기 프랑스 화가 으제느 들라크루아의 작품입니다.

52-2. 피에타 으제느 들라크루아, 1848년, 유채화, 보스턴 미술관 소장

프랑스 혁명의 대열에 서서 지난날의 질서에 반항한 그는 낭만주의 회화를 이끈 창조적인 상상력의 소유자였습니다. 그는 명료한 윤곽선보다는 색채의 중요성을 믿었습니다. 그리하여 그의 작품에는 형태의 엄격한 묘사보다는 분방한 색채와 유연한 붓놀림으로 정신의 힘을 과시했습니다.

이 그림 또한 어두운 배경 속에서 강한 색채의 대비와 극적인 긴장감으로 인간 내면에 잠재한 깊은 슬픔을 들추어내고 있습니다.

굳어버린 시신이 수평으로 누워 있는 아들의 머리에 손을 얹고 슬픔에 넋을 잃은 마리아, 마리아를 부축하고 있는 아리마대 요셉의 어머니 마리아, 엷은 놀빛을 받으며 향료병을 든 채 말없이 시신을 바라보는 요셉과 니고데모, 다리께의 상처를 살펴보는 막달라 마리아, 땅바닥에 주저앉아 가시관을 들어보며 비통에 젖는 요한이 원의 구도로 배치되어 있습니다.

생기라고는 없는 예수님의 살빛, 하반신을 덮은 천의 하얀 빛깔이 주위를 에워싸는 어둠과 대비되어 선명히 빛나면서 극적인 긴장감을 자아내고 있습니다. 눈물은 말라버리고 몸마저 가누지 못해 쓰러지는 마리아의 비통에 잠긴 모습은 보는 이로 하여금 깊은 동정심을 불러일으킵니다.

53. 무덤에 묻히심

> 빌라도가 허락하자, 아리마대 사람 요셉이 와서 예수님의 사신을 가져갔습니다. 니고데모도 요셉과 함께 왔습니다. 니고데모는 일찍이 밤에 예수님을 찾아왔던 사람이었습니다. 그는 몰약과 알로에를 섞어 만든 향료를 약 33킬로그램 정도 가져왔습니다. 이 두 사람은 유대인들의 장례 풍습에 따라 예수님의 시신을 가져다가 향료와 함께 고운 베로 쌌습니다.
> 예수님이 못 박힌 곳에는 동산이 있었습니다. 그 동산에는 아직까지 한 사람도 그 안에 안치한 적이 없는 새 무덤이 있었습니다. 무덤도 가까이 있고 유대인의 예비일이기도 해서 요셉과 니고데모는 예수님의 시신을 그 무덤에 넣어 두었습니다.

죽음이 삼킨 세상의 빛

유대의 장례 풍습에 따라 예수님의 시신을 향료와 함께 고운 베로 싸서 새 무덤에 안치했습니다.

　예수님의 무덤에는 깊은 안식이 서려 있습니다. 하나님 나라가 가까웠다는 기쁜 소식을 전해준 그분, 가난과 질병으로 고통받는 사람들의 가슴에 희망의 불씨를 살려놓던 그분, 죽음 앞에서도 대가없는 사랑을 베풀던 그분, 오로지 섬김의 삶을 살다간 그분, 힘을 사용하지 않고서도 그지없이 강했던 그분, 그분은 이제 무덤에서 아무런 말씀이 없습니다. 죽음이 예수님을 삼켰

53. **예수의 매장** 베셀리 티치아노, 1525~30년, 유채화, 파리 루브르 미술관 소장

습니다. 죽은 예수님을 보는 것은 세상의 빛이 꺼진 죽은 세상을 보는 것 같았습니다.

그러나 그것으로 끝이 아니었습니다. 잠시 이 땅에 어둠이 횡행하더라도 예수님 주위에 맴도는 고요은 죽은 세상을 다시 깨어나게 하는 새로운 시작의 징후를 품고 있었습니다.

티치아노 - 예수의 매장

이 그림은 예수님의 시신을 무덤으로 옮기는 광경을 소재로 한 16세기 이탈리아 화가 베셀리 티치아노의 작품입니다.

전성기 르네상스 시대의 회화는 미켈란젤로가 중심이 된 피렌체 화파와 티치아노가 중심이 된 베네치아 화파의 양대 화풍이 주도했습니다. 티치아노는 색채와 빛을 존중하는 베네치아 화파의 전통을 최고조로 올려 놓았습니다. 그런데 이 작품은 화려한 색채를 자제하면서 붓질은 대담하여 하얀 천에 싸인 시신의 살빛과 미묘하게 변조되는 배경의 깊고 어두운 색조를 강하게 대비시키면서 인물 내면의 비통함을 드러내고 있습니다.

아리마대 요셉과 니고데모 두 사람이 흰 천에 싸여 힘없이 늘어진 예수님 시신의 머리와 다리를 들고서 힘겹게 무덤으로 옮기고 있습니다. 요한은 두 사람 사이에서 늘어진 시신의 오른팔을 들어 거들면서 슬픔을 이기지 못하고 연방 하늘을 올려다보고 있습니다. 왼쪽에는 어머니 마리아가 시신을 바라보며 두 손을 깍지 낀 채 감정을 자제하려고 하지만 몸을 제대로 가누지 못하고 있으며, 막달라 마리아는 어머니 마리아를 부축하면서 걱정스럽게 시신을 옮기는 모습을 지켜보고 있습니다.

요한과 시신을 옮기는 두 사람의 머리를 잇는 곡선 모양과 아래로 휘어진 시신의 곡선 모양이 이어져 원의 구도를 취하고 있습니다. 불그레 물드는 노

앞 그림의 부분.
불그레 물드는 놀빛을 받으며
싸늘한 시신을 세 사람이
힘겹게 무덤으로 옮기는
중에도 요한은 시신의 팔을
들고 연방 적막한 하늘을
바라보고 있다.

을빛 속에 시신을 옮기는 세 인물들의 자세에서 동감과 함께 팽팽한 긴장감이 우러납니다. 아울러서 마리아의 쓰러질 듯 몸을 가누지 못하는 자세, 어둠에 묻혀 어렴풋이 드러나는 시신의 굳은 얼굴 그리고 흰 천에 싸인 시신의 싸늘한 살빛이 서로 어우러져 보는 이로 하여금 비통함의 소용돌이를 너머 죽음에 서린 적막감을 가슴 깊이 새겨주고 있습니다.

제4부

죽음을 이기시다

54. 다시 살아나심

안식일 다음날, 즉 한 주의 첫날 동틀 무렵에 막달라 마리아와 다른 마리아가 예수님의 무덤을 보러 갔습니다. 그때 강한 지진이 일어나고, 하나님의 천사가 하늘에서 내려왔습니다. 그 천사는 돌을 굴러 치우고 그 위에 앉았습니다. 그 모습은 번개와 같았고 옷은 눈처럼 희었습니다.
경비병들이 그 천사를 보고 두려워 떨었고, 마치 죽은 사람처럼 되었습니다.
천사는 그 여인들에게 말했습니다. "두려워하지 마라. 너희가 십자가에 못 박은 예수님을 찾고 있다는 것을 알고 있다. 예수님은 여기 계시지 않다. 말씀하신 대로 다시 살아나셨다. 와서 예수님이 누웠던 곳을 보아라. 그리고 빨리 가서 제자들에게 이렇게 말하여라. '예수님은 죽음에서 다시 살아나셨습니다. 그리고 먼저 갈릴리로 가셨습니다. 거기서 예수님을 뵐 수 있을 것입니다.' 보아라. 이것이 내가 너희에게 전할 말이다."
이 말을 듣고 여자들은 재빨리 무덤을 떠났습니다.

죽음과 어둠을 이기고 다시 살아나시다

여인들이 마지막으로 경의를 표하려고 예수님의 무덤을 찾았으나 그곳엔 시신이 없었습니다. 예수님은 무덤에 묻힌 지 사흘 만에 다시 살아났습니다. 무덤은 그분을 붙잡지 못했습니다. 무덤 속에 영영 가두어 두려고 했던 인간의 노력은 수포로 돌아갔습니다. 그분에게 가했던 어떠한 물리적인 힘도 허사로 돌아갔습니다. 철저하게 버림받고 철저하게 무력하였던 그분이 누구도

54. 예수 그리스도의 부활 마티아스 그뤼네발트, 1512~16년, 나무판에 유채화, 콜마르 운터린덴 미술관 소장

예상하지 못한 가운데 죽음을 이기고 다시 살아났습니다.

　죽음에서 다시 살아남은 그분이 이 지상에서 이루려고 했던 뜻을 육신의 죽음으로서도 꺾지 못했음을 말합니다. 그분은 죽음에서 다시 살아나 절망으로 닫힌 우리들의 마음을 다시금 열어주었습니다. 우리들 가슴에 희망의 씨앗을 품게 해주었습니다. 우리들 곁으로 다가와 새로운 삶이 다시 시작됨을 일러주고 있습니다.

그뤼네발트 – 예수 그리스도의 부활

이 그림은 죽음에서 다시 살아나는 예수님의 모습을 소재로 삼은 16세기 독일의 화가 마티아스 그뤼네발트의 작품입니다.

　이 작품은 그의 범상치 않은 재능을 보여준 "이젠하임 제단화" 중의 한 폭입니다. 그의 작품 "그리스도의 책형"에서 보듯이 그는 이 작품에서도 대담하고 과감한 색채를 사용하고 있습니다. 광선에도 갖가지 색채로 변화를 주고, 형체는 육감적이고 탄력이 넘칩니다.

　석관의 뚜껑이 열리면서 폭발적인 힘으로 예수님이 하늘 높이 솟아오르고 있습니다. 동이 트는 이른 새벽에 죽었던 예수님이 캄캄한 무덤에서 빛을 발하며 하늘을 향해 팔을 벌리고 화사하게 솟아오르고 있습니다. 갑옷을 입고 무덤을 지키던 경비병이 이 모습을 보고는 기겁을 하듯이 놀라서 땅바닥에 나뒹굴고 있습니다. 한 경비병은 일어나려다가 다시 쓰러집니다.

　예수님의 몸은 수많은 불꽃으로 빛나고 당당하게 팔을 들어보이는 그분을 노란색, 오렌지 색, 붉은 색의 후광이 둥글게 원을 이루며 감싸고 있습니다. 손바닥과 발등에는 못자국이, 옆구리에는 창에 찔린 상처가 선명합니다. 또 무덤을 막았던 큰 바위 아래쪽에는 성령을 나타내는 비둘기가 날고 있습니다. 예수님 시신을 감쌌던 흰 천이 위로 오를수록 색이 바뀌고, 그분의 붉은

앞 그림의 부분. 부활하는 예수님의 후광에서 뿜어져 나오는 빛깔이 너무도 강렬해서 하늘로 솟아오르는 예수님의 얼굴이 점차 반투명으로 바뀌어가고 있다.

색 옷도 위쪽은 점차 노란 색으로 바뀌어갑니다. 예수님 후광에서 뿜어져 나오는 빛과 색채가 너무도 강렬하여 그분의 얼굴마저 반투명으로 바뀌고 있습니다.

　화가의 개성적인 표현 양식은 강렬함과 상상력으로 넘치며 그가 구사한 광선과 색채는 현란하고 다양합니다. 이 작품은 너무도 강렬한 무지개빛 후광으로 말미암아 오늘날까지 어느 누구도 능가하지 못하는 빛과 색채를 통한 기적을 성취하고 있습니다.

55. 막달라 마리아에게 나타나심

"사람들이 우리 주님을 어디론가 가져갔는데, 주님을 어디에 두었는지를 알지 못하겠습니다." 마리아가 천사에게 이 말을 하고 뒤를 돌아보자, 거기에 예수님이 서 있었습니다. 그러나 마리아는 그분이 예수님인 줄 알아보지 못했습니다…
예수님이 마리아에게 "마리아야!"라고 말했습니다. 마리아는 그제서야 예수님을 알아보고 "선생님!"이라고 외쳤습니다. 예수님은 마리아에게 말했습니다. "나를 붙잡지 마라. 내가 아직 아버지께로 올라가지 않았다. 다만 너는 나의 형제들에게 가서 이렇게 말하여라. '나는 내 아버지 곧 너희 아버지, 내 하나님 곧 너희 하나님께로 돌아갈 것이다.'"
막달라 마리아는 제자들에게 가서 "내가 주님을 보았어요!"라고 말했습니다. 그리고 예수님이 자기에게 한 말을 전했습니다.

사랑이 충만한 만남의 순간

예수님이 죽음에서 다시 살아나 제일 먼저 모습을 나타낸 이가 막달라 마리아였습니다. 이 여인은 회개한 뒤로 줄곧 예수님을 따랐습니다. 그녀는 십자가 처형 때에도 시신을 무덤에 안치할 때에도 예수님 곁에 있었습니다. 예수님이 걸었던 죽음의 길을 끝까지 곁에서 지켜본 여인이었습니다.

이른 아침 아직 어두울 때 이 여인은 향유병을 들고 예수님 무덤을 찾았습니다. 놀랍게도 무덤 밖에서 다시 살아난 예수님을 보고도 이 여인은 처음에

55. 나를 붙잡지 마라 베셀리 티치아노, 1511년, 유채화, 런던 국립미술관 소장

는 눈이 열리지 않아 알아보지 못했습니다. 그런데 그분이 자신의 이름을 부르자 그 목소리를 듣고서야 예수님을 알아보았습니다.

  죽었다고 생각한 예수님이 살아 있는 목소리로 반갑게 자신의 이름을 부르다니. 그 음성에서 예전처럼 변함없이 자신을 사랑하고 있음을 느낀다면 그 기쁨이 얼마나 크겠습니까! 그것은 오랫동안 쌓아왔던 유대감이 다시금 솟구치는 벅찬 기쁨의 순간일 것입니다. 주님을 잃고 절망에 허덕이던 마음을 다시금 충만케 하는 사랑의 순간일 것입니다.

티치아노 - 나를 붙잡지 마라

이 그림은 막달라 마리아가 다시 살아난 예수님을 알아보고 반가워서 옷자락을 붙잡으려는 장면을 소재로 한 16세기 이탈리아 화가 베셀리 티치아노의 작품입니다.

  티치아노는 전성기 르네상스 회화의 특색인 풍경을 화면에 전면적으로 활용하여 인물들을 적절히 병치시켜 회화적 분위기를 한층 높이고 있습니다. 그는 자연의 세계와 인간 내면의 세계를 하나로 융합하여 아름다운 회화의 세계를 펼쳐 나갔습니다. 이 작품에서도 그의 특색을 엿볼 수 있습니다.

  언덕 위로 농장 건물이 보이고 목초지에는 양떼가 한가로이 풀을 뜯고 있으며 그 멀리 푸른 바다가 펼쳐져 있습니다. 목동이 들판으로 내려가면서 하루의 일을 시작합니다. 중경의 키 큰 나무의 잎사귀들은 떠오르는 아침 햇살을 받아 역광으로 불그레 물들어갑니다. 이제 생기가 도는 육체로 풀잎을 밟고 선 예수님은 아직도 흰 천을 몸에 두른 채 왼손에는 괭이를 들고 "마리아야" 하고 이름을 부르며 막달라 마리아 앞에 나타납니다. 마리아는 놀라움보다는 반가움이 앞서 간절한 눈빛으로 손을 뻗어 예수님의 옷자락을 붙잡으려 하자, 예수님은 살짝 몸을 뒤틀면서 그녀의 손길을 피하고 있습니다. 동

앞 그림의 부분. 평소에 예수님이 제자처럼 사랑했던 막달라 마리아가 다시 살아난 예수님을 알아보고 반가움에 못이겨 한 손으로 예수님의 옷자락을 잡으려 하고 있다.

산지기 모습을 한 예수님의 얼굴은 잘생겼고 체격 또한 아름답습니다.

손에 향유병을 쥐고 땅에 꿇어앉은 마리아의 넓게 퍼진 옷자락과 예수님의 엉거주춤 피하는 모습이 작은 삼각구도를 이루고 있습니다. 예수님 등에서 언덕으로 오르는 곡선과 마리아의 등과 머리에서 나무 줄기로 이어지는 곡선이 예수님 정수리에서 만나고 있습니다. 이는 두 사람의 재회가 새로운 세상을 열어가는 것을 암시합니다. 배경에 깔린 따뜻하고 부드러운 빛과 밝고 풍부한 색조의 자연 풍경이 두 인물의 신비스런 만남의 모습과 뛰어난 조화를 이루어 재회의 정겨움이 목가적이면서 서정적인 생동감으로 넘치고 있습니다.

56. 엠마오에서의 저녁 식사

제자들 중에 두 사람이 엠마오라고 하는 마을로 내려가고 있었습니다. 이들은 일어났던 모든 일에 대해 이야기를 나누고 있었습니다. 이들이 이야기를 나누고 있을 때 예수님이 그들에게 다가와 함께 걸었습니다. 그러나 그들은 눈이 가리워져서 예수님인지 알아보지 못했습니다…
예수님은 그들과 함께 식사 자리에 앉았습니다. 그리고 빵을 들고 감사의 기도를 한 다음, 떼어 제자들에게 나누어 주었습니다. 그러자 그들의 눈이 밝아져 예수님을 알아보았습니다. 그 순간 예수님은 사라졌습니다.

눈이 열려 죽음에서 다시 살아난 예수님을 알아본 두 제자
아무런 저항도 없이 처참하게 죽음을 맞는 예수님을 보고 낙담하여 뿔뿔이 흩어졌던 제자들, 절망으로 눈마저 어두워져 함께 걸어도 그분을 알아보지 못했던 제자들, 그들과 함께 저녁 식사를 하는 자리에서 그분이 빵을 떼어 나누어주는 순간에야 그들의 눈이 열려 다시 살아난 예수님을 알아보다니!

　예수님을 알아본 그들은 불타는 것같이 가슴이 뜨거워지면서 그분 생전에 받았던 뜨거운 체험을 다시 한번 느꼈습니다. 그들은 그제서야 그분이 결코 그들 곁을 떠나지 않았음을, 그들이 알아보기도 전에 그분이 먼저 그들 곁으로 다가옴을 알았습니다. 그들의 가슴에 잃었던 희망이 다시 싹트기 시작함을 느꼈습니다.

56. **엠마오에서의 예수 그리스도** 렘브란트 반 레인, 1648년, 나무판에 유채화, 파리 루브르 미술관 소장

렘브란트 - 엠마오에서의 예수 그리스도

이 그림은 다시 살아난 예수님이 엠마오라는 마을에서 제자들과 저녁 식사를 하는 광경을 소재로 한 17세기 네덜란드 화가 렘브란트의 작품입니다.

렘브란트는 독실한 기독교인으로서 즐겨 성화를 그렸으며, 엄숙하고 긴장감이 감도는 작품뿐 아니라 서민적이고 생활 정취가 정감있게 배어 있는 작품도 그렸습니다.

이 작품 또한 어느 가정에서나 쉽게 볼 수 있는 식사 광경을 그리고 있어 무척 서민적인 느낌을 주지만 그 느낌 속에는 품위있고 종교적 심오함이 배어 있습니다. 별다른 장식도 없는 어둑한 건물 내부로 들어온 빛에 의해 그림의 중심부가 간신히 드러나고 있습니다.

바로크 풍의 아치형 구조물 앞 하얀 테이블보를 씌운 식탁 정면에 예수님이 자리하고 있습니다. 그분의 얼굴에는 모든 것을 이룬 뒤에 찾아오는 평온함이 넘치고 있습니다. 그분의 좌우에는 두 제자가 앉아 있고 식탁은 무척이나 조촐합니다. 예수님이 먼저 하늘을 우러러보며 감사의 기도를 드린 다음 빵을 떼어 제자들에게 나누어주려는 순간, 두 제자는 그제서야 눈이 열려 예수님을 알아보았습니다. 오른편의 제자는 감격에 찬 눈길로 주먹을 불끈 쥐며 예수님을 뚫어지게 바라보고 있으며, 등을 보이는 왼편의 제자는 전율하듯 굳은 자세로 예수님을 바라보고 있습니다. 두 제자의 놀라는 자세가 미묘한 차이를 보이면서 마음 깊은 곳을 흔드는 힘을 느끼게 합니다. 음식을 든 시종은 무심히 식사를 거들고 있습니다.

예수님과 제자들의 만남은 외면적이기보다는 아주 절제된 내면적인 움직임으로 과장없이 묘사되어 있습니다. 다시 살아난 예수님은 위엄에 찬 권위적인 모습이기보다는 우리와 늘상 얘기를 나누는 자애로운 이웃의 모습입니다. 알 수 없는 신비스러운 후광에 싸여 부드럽고 인자한 모습의 예수님 주

앞 그림의 부분. 권위적인 모습보다는 자애로운 이웃의 모습으로 식탁에 앉은 예수님 주위로 신비스럽고 불가사의한 기운이 감돌고 있음을 느끼게 한다.

위로 경건한 영혼의 기운이 감돌고 있습니다. 넓은 공간은 대체로 어둡지만 왼쪽에서 들어오는 여린 빛과 예수님에게서 퍼져 나오는 빛에 의해 인물들의 윤곽이 드러납니다. 화면은 넓은 어둠과 감정이 절제된 색조로 안정감과 신비감을 부여하면서 예수님은 한층 더 인간적인 모습으로 우리 앞에 드러나고 있어 다른 성화에서 볼 수 없는 경건하고도 서민적인 감동을 안겨주고 있습니다.

57. 호숫가에 나타나심

다음 날 아침 일찍, 예수님은 호숫가에 서 있었습니다. 그러나 제자들은 그분이 예수님인 줄 알지 못했습니다.
예수님이 그들에게 말했습니다. "친구들이여, 한 마리도 못 잡았느냐?"
제자들이 대답했습니다. "네, 한 마리도 잡지 못했습니다."
예수님이 말했습니다. "그물을 배 오른편으로 던져라. 그러면 고기를 잡을 것이다." 그들은 시키는 대로 했습니다. 그러자 고기가 너무 많이 잡혀 그물을 배 안으로 끌어올릴 수 없었습니다.
예수님이 사랑하던 한 제자가 베드로에게 말했습니다. "주님이시다!" 베드로는 주님이란 말을 듣자마자 벗고 있던 겉옷을 몸에 두르고는 물로 뛰어들었습니다.
다른 제자들은 고기가 가득한 그물을 당기며 배를 저어 호숫가에 대었습니다.

생전의 모습 그대로 일곱 제자 곁으로 다가가다
예수님이 죽임을 당하자, 제자들은 멀리 도망쳐 예전처럼 호수에서 고기를 잡았습니다. 예수님이 그토록 사랑했던 제자들을 찾아 그들 앞에 다시 나타났으나 제자들은 아무도 그분을 알아보지 못했습니다. 그들은 호숫가에서 그들을 부르는 그분의 목소리를 낯선 사람의 음성으로 들었습니다.
　십자가에서 숨을 거둘 때 지녔던 육신 그대로의 모습으로 그분은 제자들 곁으로 다가갔습니다. 나약하기 그지없는 제자들에게 핀잔 한마디도 않고

57. 기적의 어획 콘라트 비츠, 1444년, 나무판에 유채화, 제네바 미술관 소장

도리어 그들에게 많은 고기를 잡도록 해 주었습니다. 그제서야 예수님을 알아본 베드로는 반가움에 못 이겨 황급히 물 속으로 뛰어들어 그분에게로 다가갑니다.

죽음이 덮쳤을망정 예수님은 결코 그들 곁을 떠나지 않았습니다. 예전보다 더 지극한 사랑으로 제자들 곁으로 다가갔습니다. 사랑의 관계는 육신처럼 죽어 없어지지 않고 영원히 지속함을 예수님은 몸소 보여주었습니다.

비츠 – 기적의 어획

이 그림은 고기를 잡는 일곱 제자들 앞에 다시 나타나 고기잡이를 거드는 예수님을 소재로 삼은 15세기 독일 화가 콘라트 비츠의 작품으로, "제네바 제단화" 중의 한 폭입니다.

그가 활동할 무렵의 북유럽 화단에서는 고딕 미술의 양식을 탈피하고 풍경이나 대상을 눈에 보이는 대로 사실적으로 전달하려는 혁신적인 회화 방식이 나타났습니다. 이러한 회화 방식을 이끈 화가가 바로 콘라트 비츠입니다. 그는 이 작품에서 예수님이 걸었던 갈릴리 호수를 자신이 활동하면서 늘상 보아온 제네바의 레만 호수의 실제 풍경으로 대체했습니다.

그날도 고기 한 마리 못 잡고 있던 터에, 예수님이 나타나 시키는 대로 그물을 던졌더니 엄청난 양의 고기가 잡혔습니다. 제자들은 그물에 가득한 물고기를 끌어올리기에 여념없었습니다. 그 중의 한 제자가 그물을 끌어올리면서 연방 예수님을 쳐다보더니 주님임을 알아보자 베드로가 일손을 멈추고 황급히 물속으로 뛰어들어 그분에게로 다가가고 있습니다.

이 그림의 빼어난 점은 호수의 모습을 물결의 단순한 움직임만으로 그리던 중세 양식과는 달리, 호수 바닥의 조약돌과 고기잡는 제자들의 모습이 물 위에 비친 영상까지 세밀하게 묘사했을 뿐 아니라 어부들의 각기 다른 동작과

앞 그림의 부분. 호수 바닥의 조약돌과 고기잡이 배 위에서 그물을 올리는 어부들의 모습이 물 위에 비친 영상 등 실경다운 세밀한 묘사는 북유럽 풍경화의 전범을 보여준다.

저 멀리 솟은 산봉우리 그리고 주변 전원의 풍경을 과감하게 실경으로 묘사해 놓았다는 점입니다.

구도는 마치 물 위를 걷는 듯이 서 있는 예수님과 불꽃나무 무늬의 후광 위로 우뚝 솟은 살레브 산이 수직으로 층을 이루면서, 야트막한 산등성이와 넓게 펼쳐진 전원 풍경, 제자들이 탄 고깃배, 파문이 이는 호수의 곡선, 하늘의 구름 등이 수평으로 층을 이루어 십자형을 취하고 있습니다.

빨간 망토의 예수님과 살레브 산이 대조를 이루면서 물고기를 잡는 제자들의 유연한 옷주름 그리고 그물 속에서 날뛰는 고기들, 붉은 집들과 잘 가꾸진 나무들 등 직접 눈으로 보는 듯한 자연의 사실적인 풍경이 화면의 주요 구성 요소가 된 이 그림은 오늘날까지 남아 있는 가장 오래되고 뛰어난 풍경식 초상화로 손꼽히고 있습니다.

58. 하늘 나라로 올라가심

예수님은 제자들에게 말했습니다.
"온 세상으로 가거라. 온 세상에 복음을 전하여라. 믿고 세례를 받는 사람은 구원을 받을 것이다. 내가 너희와 세상 끝날까지 항상 함께 있겠다."
예수님은 제자들에게 이렇게 말을 마치고 하늘로 올라갔습니다. 그리고 하나님의 오른쪽에 앉았습니다.

제자들과 작별하고 하늘로 오르다
이 지상에서 해야 할 일을 다 이루고 예수님은 제자들과 작별의 정을 나누며 하늘로 오릅니다.

무력하고 비참하게 죽임을 당하는 예수님을 보며 공포에 못 이겨 스승을 저버리고 뿔뿔이 도망쳤던 제자들, 죽음을 이기고 다시 살아나 영광 중에 계시는 예수님의 참모습을 본 뒤에야 허약하기만 했던 믿음을 다시금 굳건히 다잡고 새로운 희망을 가슴에 품은 제자들, 앞으로 스승이 걸었던 길을 따라 하나님 나라의 복음을 전하면서 험난한 고난과 영광의 길을 걷게 될 제자들을 축복하며 예수님은 하늘로 오릅니다.

그러나 예수님은 이 땅을 떠나 하늘에 오른다 해도 우리와 영영 헤어지는 것이 아닙니다. 오히려 우리가 살아가는 이 세상에서 한결같이 우리를 지켜

58. **예수 그리스도의 승천** 렘브란트 반 레인, 1636년, 유채화, 뮌헨 알트 피나코텍 미술관 소장

주는 성령으로, 때로는 빛처럼, 때로는 소리처럼 우리와 함께하실 것입니다. 예전보다 더 굳건히 우리와 하나가 되어 함께 계실 것입니다.

렘브란트 – 예수 그리스도의 승천

이 그림은 예수님이 이 지상을 떠나 하늘로 오르는 광경을 소재로 한 17세기 네덜란드 화가 렘브란트 반 레인의 작품입니다.

  그는 신교도로서 무척 신앙심이 깊었습니다. 종교개혁의 영향을 받아 구원은 오직 신앙에 의해서 가능하며 그 근거는 성경이라고 확신했습니다. 그래서 그는 성경을 되풀이해서 읽으면서 성경의 정신 속으로 깊숙이 빠져들었습니다. 그는 성경에 대한 폭넓은 소양과 예리한 통찰력으로 진지하면서도 능숙하게 예수님의 행적을 시각화시켰습니다.

  이 그림 또한 그의 탁월한 화법대로 지상의 어둠과 하늘 나라의 밝음을 능숙하게 대비시키면서 예수님이 하늘로 오르는 지상의 마지막 모습을 극적으로 그리고 있습니다.

  예수님이 양팔을 들어 못자국이 선명한 손을 펴서 밝고 황금빛이 가득한 하늘 나라를 향해 구름을 타고 올라가고 있습니다. 어린 천사들은 예수님이 타고 있는 구름을 떠받치면서 반갑게 마중을 나오고 있습니다. 땅 위에는 열한 명의 제자들이 영광스러운 광경을 우러러보며 놀라움과 흠모가 넘치는 모습으로 경배를 드리고 있습니다. 제자 몇몇은 예수님을 우러러 양팔을 벌리고 흠모의 자세를 보이고 있고 또 몇몇은 두 손을 모아 경배를 드리는 자세를 취하고 있습니다. 예수님의 머리 위로는 성령이 비둘기의 모습으로 황금빛에 싸여 날고 있습니다.

  이 그림은 라파엘로의 "그리스도의 변모"와 구도를 같이하면서 구름을 타고 오르는 예수님의 모습은 티치아노의 "승모 승천"에서 영향을 받은 것이

앞 그림의 부분. 어린 천사들이 떠받치는 구름을 타고 하늘로 오르는 예수님은 앞으로 우리들이 걸어야 할 복된 길을 우리들에 앞서서 열어 주시고 있다.

느껴집니다. 그러나 렘브란트는 하늘에서 내려비치는 눈부신 빛으로 예수님의 성스러운 모습을 한층 극적으로 묘사하고 있습니다. 그는 이전의 작품에 비해 훨씬 부드러워진 명암법으로 서정적인 미묘함과 회화적인 효과를 높여 예수님의 영광을 찬란하게 드러내고 있습니다.

제4부 | 죽음을 이기시다 267

59. 최후의 심판

예수님이 말했습니다. "내가 너희에게 진정으로 말한다. 보잘 것 없는 사람들에게 한 일, 곧 너희가 이 형제들 중에 가장 보잘 것 없는 사람에게 한 일이 곧 나에게 한 것이다."
예수님은 다시 말했습니다. "내가 너희에게 진정으로 말한다. 이 사람들 가운데 가장 작은 자 한 사람에게 하지 않은 것이 곧 나에게 하지 않은 것이다. 이 사람들은 영원히 형벌을 받게 될 것이다. 그러나 의로운 사람들은 영원한 생명에 들어갈 것이다."

심판자로서 우리에게 던지는 마지막 질문
"너는 작고 보잘 것 없는 사람들을 위해 무엇을 했느냐?" 예수님은 의로운 심판자가 되어 우리들에게 이 물음을 던질 것입니다. 이 물음은 우리의 사후에 던져지는 물음이 아니라 지금 여기서 살아가는 현세의 삶 속에서 던져지는 물음입니다. 이 물음을 통해서 예수님은 우리가 이 지상에서 진정 해야 할 일이 무엇인가를 물으면서 우리가 마땅히 실천해야 할 중요한 계명으로 두 가지를 당부하고 있습니다. 첫째는 하나님을 사랑하고, 둘째는 우리의 이웃을 내 몸처럼 사랑하라는 것입니다. 내 이웃을 사랑하는 것이 곧 하나님을 사랑하는 것이니 계명은 결국 둘이 아니라 하나입니다. 어떤 모습으로든지 우리들보다 못한 사람들이 우리들 주위에 있는 한, 우리에게 이 물음이 던져

59. 최후의 심판 부오나로티 미켈란젤로, 1536~41년, 프레스코, 바티칸 시스티나 예배당 제단화

질 것이며, 어느 누구도 이 질문을 피할 수 없을 것입니다. 그러기에 이 물음은 마지막이라기보다는 궁극적인 것입니다.

미켈란젤로 – 최후의 심판

이 그림은 현세계 최후의 날에 예수님이 인간을 심판하게 될 미래의 사건을 소재로 한 전성기 르네상스의 이탈리아 화가 부오나로티 미켈란젤로의 작품으로, 바티칸의 시스티나 예배당의 제단화입니다.

이 작품은 당시 교황청의 심장부였던 시스티나 예배당의 천장 벽화인 "천지창조"를 완성한 지 25년이 지난 1536년, 미켈란젤로 나이 61세가 되던 해에 구상을 시작하여 1541년 10월 31일 성인의 날을 맞아 제막된 제단화입니다. 높이 14.5m, 폭 13m의 거대한 공간에 인류 최후의 날에 모든 인간이 생전에 행한 자신의 행업으로 예수님의 심판을 받는다는 기독교 신앙의 핵심을 단테의 『신곡』에서 영향을 받아 그려진 위대한 프레스코화입니다.

갖가지 자세를 취한 400여 인물들이 등장하고 그 인물들은 그룹으로 엮여 구성적인 구도를 이루면서 수많은 암시를 담고 있는 이 그림은 맑은 하늘을 배경으로 크게 네 개의 층으로 구성되어 있습니다. 위로부터 첫째 층은 예수님 수난의 도구를 나르는 천사의 모습이고, 둘째 층은 축복을 받아 하늘로 오르는 부류의 사람들 모습이며, 셋째 층은 지옥으로 떨어지는 부류의 사람들 모습이며, 넷째 층은 지옥의 모습입니다.

먼저, 첫째 층은 좌우 두 부분으로 나뉘고, 왼쪽은 날개 없는 건장한 천사들이 예수님의 수난과 희생을 상징하는 십자가와 가시관을 들고 구름을 타고 하늘로 오르는 광경을, 오른쪽은 순교자들이 이교도 사원에서 수난을 당하던 기둥을 들고 천사들이 구름을 타고 하늘로 오르는 광경을 그렸습니다.

다음으로 둘째 층은 젊고 근육질의 육체를 한 그리스도가 화면 가운데 자

앞 그림의 부분. 권능이 넘치는 심판자의 모습을 한 예수 그리스도와 그 뒤편으로 성모 마리아가 앉아 있다.

리하여 오른팔을 높이 들고 권능이 넘치는 당당한 모습으로 인간들을 심판하고 있습니다. 예수님의 주위에는 어머니 마리아와 제자들 그리고 선택받아 축복받은 여러 사람들의 모습을 그려 놓았습니다.

 이어서, 셋째 층은 묵시록에 나오는 건장한 천사들이 구름을 타고서 나팔을 불어 잠든 인간을 깨우며 예수의 심판을 알리는 광경이 중앙에 자리하고 있습니다. 왼쪽에는 구원을 받은 이들이 축복받은 이들의 도움을 받아 구름 위로 끌어올려지고 있으며 그 중에는 천사가 내려준 묵주를 잡고 두 백인과 흑인이 올라가고 있습니다. 오른쪽에는 마귀들이 지옥의 구렁텅이로 끌어내려지는 저주받은 이들이 서로 아귀다툼을 벌이고 있는 모습을 그려 놓았습니다.

 마지막으로 넷째 층은 천사들의 나팔소리를 듣고 죽었던 이들이 다시 꿈틀 살아나는 여러 모습을 왼쪽에 그려 놓았습니다. 붉은 망토를 두른 천사는 한 인간의 두 다리를 잡고 하늘로 끌어올리려 하고 있습니다. 그리고 죽음의 강에서 뱃사공 카론의 배에 태워져 지옥으로 내몰리고 있는 사람들의 얽히고 버둥거리는 모습과 그들을 기다리는 마귀들의 모습을 오른쪽에 그려 놓았습니다.

 이 장엄한 그림의 중심부에는 예수 그리스도가 후광 속에서 그리스풍의 조각상을 연상시키는 건장한 몸으로 힘차고 당당한 모습을 보여주고 있습니다. 또한 하늘의 보좌에 앉은 모습이 아니라 다시 우리에게로 다가온 메시아의 모습을 하고 있습니다. 예수님 오른편(화면은 왼편)으로 마리아가 다소곳이 앉아 있으며, 등을 보이고 있는 인물(안드레) 건너서 아주 건장해 보이는 세례 요한이 몸을 정면으로 두고 고개를 돌려 예수님을 바라보고 있으며, 예수님 왼편(화면은 오른편)으로 하얀 수염을 한 베드로가 손에 천국의 열쇠를 쥐고 예수님을 바라보고 있습니다. 예수님의 왼발 아래쪽으로 수염을 늘어뜨린 바돌로매가 구름을 타고 앉아 오른손에는 가죽을 벗기는 칼을, 왼손에는 자신의 벗겨진 살가죽을 들고 있습니다. 그 자신이 순교할 때 살가죽을 벗기는 형벌을 받았기 때문입니다. 미켈란젤로는 자신의 비극적인 종말을 암시하는 듯한 자화상을 이 살가죽에 그려 넣었습니다.

이 그림이 완성될 무렵, 그림을 본 성직자들은 놀랐습니다. 예수님과 마리아를 제외한 모든 인물들이 벌거숭이로 그려져 있었기 때문입니다. 그들은 신성해야 할 교황의 성당 제단화에 난잡한 나체의 인물들로 가득 채웠다고 비난의 소리를 높였습니다. 미켈란젤로는 작품 자체를 보지 못하고 오직 나체만을 들어 꼬집는 추기경 체세나를 지옥에서 재판관 노릇을 하는 그리스 신화 속의 인물인 미노스로 분장시켜 뱀이 그의 몸을 칭칭 감은 모습을 맨 아래쪽 오른편에 그려 넣으면서 저항했습니다. 1564년, 이 작품에 나체를 가려야 한다는 공의회의 요청을 받고 미켈란젤로의 제자였던 볼테라에 의해 나체가 가려졌으나 1990년에서 94년에 걸쳐 복원가에 의해 다시 원래의 모습을 되찾았습니다. 이처럼 이 작품이 오늘에까지 보존되기에는 많은 우여곡절을 겪었습니다.

이 작품에는 자연 풍경도 건축물도 없이 오직 수많은 인물들만 등장합니다. 인물들은 무리를 지어 몸을 움츠리며 예수님 앞에서 자비를 구하고 있습니다. 인체 하나하나에 대한 힘차고 정교한 묘사는 미켈란젤로를 '누드의 천재'라 부르는 데 손색이 없을 정도로 뛰어날 뿐 아니라 인습이나 규범을 뛰어넘는 이상적인 아름다움을 추구하고 있습니다. 인간의 몸을 통해서 그 영혼까지 환히 드러내면서 심판에 대한 소름돋는 두려움을 회화적인 진실성으로 재현한 이 작품은 미켈란젤로의 예술적 천재성이 한눈에 보이는 그의 대표작임과 동시에 서양 미술의 최고 걸작으로 손꼽히고 있습니다.

60. 사랑하고 또 사랑하라

　중세 이후 유럽 사회를 움직였던 핵심 동력은 기독교 문화였으며 서양 미술의 중심 테마는 성화였습니다. 사람들은 성화를 통해서 기독교를 알았으며 글을 알지 못하는 문맹자까지도 성화를 통해서 예수님 말씀을 전해 들었습니다. 그러기에 성경을 문자로만 읽기보다는 문자 뒤에 숨은 예수님의 모습을 선으로 색채로 이미지로 생생하게 재현한 명화와 만날 때 더 큰 감동을 받았습니다.

　성화 속에 형상화된 예수님을 보면 대체로 한 손은 하나님에게로 향하고 또 한 손은 버림받거나 따돌림을 받는 사람들을 감싸안으며 그들과 함께 느끼고 함께 아파하는 자세를 취하고 있습니다. 그분은 기꺼이 백성들 한가운데로 나아가 하나님의 사랑이 곧 인간의 사랑임을 몸소 행동으로 실천해 나갔습니다. 떠돌이처럼 이 마을 저 마을로 옮겨 다니면서 백성들에게, 하나님의 말씀을 전하랴, 가난한 자를 어루만지랴, 억눌린 자에게 자유를 주랴, 눈 먼 자를 보게 하랴, 병든 자를 고쳐주랴, 슬픈 자를 위로하랴, 죄지은 자를 용서하랴, 못된 자들의 물음에 대답하랴, 짧은 일생을 오로지 남을 섬기는 마음으로 보냈습니다.

　그러면서 예수님은 온몸으로 우리들에게 다시 또 없는 무량한 사랑을 보여 주었습니다. 부드러우면서 강한 사랑을, 자신은 죽음까지 내놓으면서 우

그림 31의 부분. 누가 진정 우리가 사랑해야 할 이웃인가를 실신하여 쓰러진 유대 사람을 도우는 사마리아 사람의 행동을 통해서 가르쳐주고 있다.

그림 33의 부분. 돌아온 탕아를 한마디 꾸중도 없이 따뜻하게 받아들이는 아버지의 모습에서 우리는 하나님의 무조건적인 용서와 무량한 사랑을 엿볼 수 있다.

리에게는 새 생명을 주는 지극한 사랑을 보여 주었습니다. 몸도 마음도 다함 없는 사랑의 실천을 통해 예수님은 우리들에게 참인간의 모습을 보여주었을 뿐 아니라 사랑의 힘으로 불완전한 우리들을 온전케 해주었습니다.

 그러기에 예수님은 우리들에게 권고합니다. 하나님을 사랑하고 또한 네 이웃을 내 몸같이 사랑하라고. 사랑이야말로 우리들의 삶을 고귀하고 가치롭게 하는 유일한 길이라는 것을 다시 한번 깨우쳐주고 있습니다. 우리들은 아주 연약할지 모르나 고유합니다. 우리들이 앞으로 내딛는 걸음이 각기 다르다 해도 그 다름으로 해서 우리는 다른 사람에게 사랑을 베풀 수 있습니다. 사랑의 힘은 강하여 우리를 변화시키고 성숙시킵니다. 마음을 다하는 사랑의 실천이야말로 우리들을 바람직스럽고 가치로운 길로 나아갈 수 있는 근본적인 삶의 조건이 됨을 그분은 자신의 삶을 통해서 우리들에게 가르쳐 주고 있습니다.

■ 작가 소개

두초 디 부오닌세냐(1255?~1319?) 이탈리아 화가로, 고딕 후기로부터 초기 르네상스에 걸쳐 시에나를 중심으로 활동한 시에나 화파의 선구가 되는 작가였습니다. 시에나 대성당의 중앙 제단화에서 볼 수 있듯이 그는 동시대인인 조토처럼 혁신적이지는 않았지만 비잔틴 미술을 발전시킨 뛰어난 서술적인 화가였습니다. 감각적이면서 자유로운 선과 풍부한 색채, 그리고 뛰어난 장면 구성력으로 중세의 우아함이 우러난 종교화를 남겼습니다.
▶ 산위에서의 유혹/77 베드로와 안드레의 부르심/85

디에리크 보우츠(1400?~1475) 네덜란드 화가로, 주로 루뱅에서 활약했습니다. 풍경화와 초상화에 뛰어난 재능을 발휘한 그는 얀 반 아이크와 반 데르 베이덴의 화법을 적절히 융합하여 개성적인 색채 감각과 풍경의 뛰어난 서정성으로 북유럽의 분위기가 짙은 독창적인 작품들을 남겼습니다.
▶ 최후의 만찬/189

레오나르도 다 빈치(1452~1519) 이탈리아 화가로, 전성기 르네상스를 이끈 거장이자 근대적인 인간의 전형이었습니다. "암굴의 성모", "최후의 만찬", "모나리자" 등 그가 남긴 작품은 그의 회화 예술의 정수를 보여주고 있습니다. 그는 인간에 대한 끈질긴 과학적 탐구로부터 출발하여 기하학적인 구도와 원근법적인 공간 그리고 명암법으로 인간과 자연의 정다운 대화를 자신의 회화 속으로 끌어들여 절묘하게 조화와 통일을 꾀하여 누구도 넘보지 못할 회화의 세계를 창조한 르네상스 최고의 천재였습니다.
▶ 동굴의 성모자/45 세례자 요한/69 예수 그리스도의 얼굴/81 최후의 만찬/184

렘브란트 반 레인(1606~1669) 네덜란드 화가로, 젊은 시절부터 다양한 얼굴 표정을 표현하기 위해 관상학을 연구했을 만큼 작품 제작에 철저했습니다. 또한 빛의 중요성을 깨닫고 특유의 명암법을 구사하여 전성기 바로크 회화를 꽃피웠습니다. 그는 어둡고 깊은 공간 속에서 살아 돋아나는 빛의 신비스러움에 감싸인 인간의 정신과 영혼을 자연과 우주에 연결시키고 심화시켜 개성적이고 독창적인 예술 세계를 창조한 바로크 시대의 거장이었습니다.
▶ 아기 예수의 봉헌/34 성가족/51 설교하는 세례자 요한/65 병자를 고치는 예수 그리스도/99 간음하다 잡혀 온 여인/139 탕자의 돌아옴/151 예수를 부인하는 베드로/203 십자가에서 내려지는 예수 그리스도/234 엠마오에서의 예수 그리스도/257 예수 그리스도의 승천/265

로히르 반 데르 베이덴(1400?~1464) 플랑드르 화가로, 새로운 양식이 성행하던 15세기 중엽 브뤼셀에서 활약한 그는 극적인 힘과 리듬감이 넘치는 선묘로 정신적인 내면의 세계를 깊이 있게 표현한 종교적 소재의 작품들을 제작하면서 회화의 한 유형을 형성하는데 앞장섰습니다. 그의 천재성은 다음 세기 동안에도 보기 힘들 만큼 권위를 지닌 플랑드르 제일의 작가였습니다.
▶ 십자가에서 내려지는 예수 그리스도/231

마티아스 그뤼네발트(1460?~1528) 독일의 화가로, 16세기 독일의 가장 뛰어난 화가였으나 당시에는 명성을 얻지 못했습니다. 그는 이탈리아 르네상스 회화의 전통에서 홀로 떨어져 불타는 듯한 강렬한 종교 감정을 불러일으키는 격정에 찬 인체 묘사와 독특한 색채 감각으로 신비적이고 환상적인 작품들을 남겼습니다. 그는 뒤러와 쌍벽을 이루었으나 20세기에 와서야 그의 명성을 되찾았습니다.
▶ 십자가에 못 박힌 예수 그리스도/225 예수 그리스도의 부활/249

미켈란젤로 메리시 다 카라바조(1571?~1610) 이탈리아 화가로, 바로크에 뿌리를 두었으나 새로운 리얼리즘 양식을 개척하여 근대 사실주의의 활로를 연 거장이었습니다. 그는 과감히 하층 생활에 시각을 맞추어 철저한 사실적 묘사와 예리한 명암의 대비 그리고 극적 움직임으로 독창적인 종교화와 풍속화를 남겼습니다. 그는 짧지만 비타협적이면서 강렬한 삶을 살았고, 그의 미술은 17세기 미술에 커다란 영향을 끼쳤습니다.
▶ 마태의 부르심/103

베셀리 티치아노(1488?~1576) 이탈리아 화가로, 전성기 르네상스에서 바로크 시대로 넘어가는 시기에 베네치아 미술의 전성기를 이끈 거장입니다. 그는 자신의 독자적인 화법을 창안한 후에도 화풍에 변화를 꾀하면서 만년에까지 창작열을 불태웠습니다. 그는 사실적 묘사를 바탕으로 대담하고 활달한 화면 구성과 마술적이고 감미로운 색채로 정신적인 것과 감성적인 것을 조화롭게 융화시켜 거장다운 면모를 보여주면서 후대에 커다란 영향을 미쳤습니다.
▶ 바리새파 사람에게 시험받는 예수 그리스도/175 가시 면류관을 쓰고 매질을 당하는 예수 그리스도/211 예수의 매장/243 나를 붙잡지 마라/253

부오나로티 미켈란젤로(1475~1564) 이탈리아 화가·조각가로, 레오나르도 다 빈치와 함께 전성기 르네상스를 대표하는 위대한 거장이었습니다. 그는 형언할 수 없는 육체적·정신적 고통을 이겨내며 초인간적인 아름다움과 격정적인 힘 그리고 넘치는 양감으로 시스티나 예배당의 천장화와 제단화를 완성했습니다. 그의 웅대한 구도와 힘찬 윤곽선 그리고 인물의 늠름한 체격으로 묘사된 이 작품들은 인간 내면으로 파고드는 깊이와 독창성으로 인해 인류의 보물이 되었습니다.
▶ 최후의 심판/269

빈센트 반 고흐(1853~1890) 네덜란드 화가로, 후기 인상파를 대표하는 천부적인 작가였습니다. 그는 종교적 열정으로 신학을 공부하고 전도사로 활동했으나 종내에는 화가의 길을 걸었습니다. 강렬한 색채와 격정적이고 활기 넘치는 필치로 개성적이고 독창적인 화풍을 확립하여 열정적으로 작품활동을 하였으며, 20세기 표현주의의 선구가 되었습니다.
▶ 선한 사마리아 사람/143

산티 라파엘로(1483~1520) 이탈리아 화가로, 전성기 르네상스의 중심적인 작가로 활동했습니다. 그는 레오나르도 다 빈치와 미켈란젤로의 예술에서 혁신적인 요소를 흡수하여 자신의 화풍을 확립했고 바티칸 궁전에 있는 벽화에서 그의 천재성을 엿볼 수 있습니다. 그는 서정적이면서 동시에 극적이고 회화적 풍부함을 갖추면서 우아함이 넘치는 성화들과 인간의 이상적인 모습을 재현한 초상화로 말미암아 고전주의 예술의 대표적인 천재로 군림했습니다.
▶ 동정녀 마리아의 결혼식/19 검은방울새의 성모자/48 예수 그리스도의 변모/135

세바스티아노 델 피옴보(1485?~1547) 이탈리아 화가로, 베네치아 화파의 조르조네에게서 기초를 닦았습니다. 그후 그는 로마로 진출하여 라파엘로와 경쟁을 벌이면서 벽화 작업을 했습니다. 그는 미켈란젤로부터 인물의 힘찬 형상을 익혀 채색과 인물의 묘사에 뛰어났으며 라파엘로가 죽은 이후로 걸출한 초상화가로 인정받았습니다.
▶ 나사로의 다시 살아남/159

소(小) 루카스 크라나흐(1515~1586) 독일의 화가로, 아버지 대 크라나흐와 함께 루터의 종교개혁운동의 열렬한 신봉자였습니다. 아버지 뒤를 이어 작센의 선제후 프레데릭 3세의 초청으로 빈에서 비덴베르크의 궁정화가를 지냈습니다. 그의 화풍 또한 아버지를 이어받았으며 대체로 인물과 풍경이 조화를 이루는 종교화와 역사화에 뛰어나 수집가의 인기를 모았습니다.
▶ 선한 목자/147

시모네 마르티니(1285?~1344) 이탈리아 화가로, 초기 르네상스 회화를 개척한 시에나 화파의 거장이었습니다. 그는 두초의 화법을 계승하면서 장식적인 윤곽선과 배색의 기교로 고딕 양식을 한층 발전시켰습니다. 그의 작품에서 보는 단아한 색채와 감미롭고 선율적인 묘선 그리고 풍부한 삽화의 사용은 장대함보다는 우아하고 서정적인 느낌을 짙게 전해 줍니다.
▶ 수태고지/13

알브레히트 뒤러(1471~1528) 독일의 화가로, 일찍부터 그의 천재성으로 북유럽의 르네상스를 이끌었습니다. 그는 르네상스의 인문주의적 교양을 키워가면서 인체의 비례 등 미술이론을 연구하여 다양한 기법과 주제들을 자신의 것으로 만들고 독일 미술의 전통을 부흥시켰습니다. 그는 또한 당시 추종을 불허하는 뛰어난 판화가로 16세기 미술에 광범한 영향을 끼쳤습니다. 예리한 묘사와 극적인 긴장감 그리고 혁신적인 독창성으로 유화와 판화에서 뛰어난 업적을 남겼습니다.
▶ 소년 예수와 율법학자들/55

암브로지오 로렌체티(1290?~1348) 이탈리아 화가로, 두초에서 영향을 받고 이탈리아 고딕 양식을 계승한 시에나 화파의 탁월한 작가의 한 사람이었습니다. 그는 독특한 장식성과 세밀한 화면 구성 그리고 뛰어난 채색으로 장엄함은 다소 덜했으나 색조는 따뜻하고 인물들의 동작은 활달했습니다. 그는 면밀한 관찰을 중시하는 고딕식 사실주의를 발전시켜 국제 고딕양식의 형성에 큰 역할을 했습니다.
▶ 아기 예수의 봉헌/31

엘 그레코(1541~1614) 베네치아의 통치를 받던 크레타 섬에서 출생하여 베네치아에서 활동하다가 스페인에 정착한 화가입니다. 그는 티치아노 문하에서 수련하고 틴토레토의 영향을 받았으나 차가운 색조, 거친 광선 효과, 자유로운 붓놀림으로 특유의 개성적 화법을 키워 나갔으며 뛰어난 종교화를 제작했습니다. 그는 전성기 르네상스에서 바로크 시대로 옮아가는 과도기적인 미술 양식인 매너리즘의 최고의 작가로서 유럽 미술의 또 다른 성과를 보여 주었습니다.
▶ 성전을 정결하게 함/171

으제느 들라크루아(1798~1863) 프랑스 화가로, 낭만주의 예술을 확립한 천재 화가였습니다. 그는 신고전주의 화법을 거부하고 극적인 구도와 율동감이 넘치는 풍부한 색채와 거친 붓놀림으로 자신의 내적 감정을 자유롭게 드러내면서 새로운 화풍을 개척한 회화의 혁명가였습니다. 그는 정통 종교 화가는 아니었으나 종교화를 많이 남겼으며 종교화를 통해서 자신의 순수함을 드러냈습니다. 그의 예술적 천재성은 너무도 뛰어나 후대의 많은 작가들에게 영향을 미쳤습니다.
▶ 피에타/240

자코포 틴토레토(1518~1594) 이탈리아 화가로, 16세기 말의 베네치아 화파를 이끈 지도적인 인물이었습니다. 그는 전성기 르네상스의 고전적인 화법에서 벗어나 '티치아노처럼 채색하고 미켈란젤로처럼 소묘하기'를 목표로 삼아, 거친 붓놀림과 빛나는 색채 그리고 예리한 명암의 처리와 극적인 구도로 매너리즘적인 특성을 최고조로 발전시켰습니다. 그의 종교화는 대담한 구도와 개개의 인물상이 어울려 독특한 신비로움과 비장미가 넘칩니다.
▶ 물 위를 걷는 예수 그리스도/131 빌라도 앞에 선 예수 그리스도/207

조르주 드 라 투르(1593~1652) 프랑스 화가로, 그의 독창적인 양식으로 말미암아 바로크 시대의 특이한 존재로 간주되었습니다. 그는 주로 촛불이라는 모티브를 사용하여 인물의 동작을 단순화시키고 명암을 교묘하게 대비시킨 풍속화와 인간 내면의 경건한 정신이 우러난 경이롭고 시적인 정밀함을 지닌 종교화를 다수 남겼습니다.
▶ 양치기들의 경배/27 성 요셉과 소년 예수/59

조반니 벨리니(1430?~1516) 이탈리아 화가로, 16세기 베네치아 화파를 이끈 우두머리였습니다. 그는 대상의 윤곽보다는 색채와 빛을 최고의 표현 수단으로 여겼습니다. 미묘한 빛 처리와 섬세한 색채로 자연의 변화에 대응하였습니다. 그는 인물과 인물을 둘러싼 풍경에 균형을 주고 인물의 육체적 표현보다는 정신적 표현이 두드러진 명상적인 작품으로 새로운 경지를 개척했습니다.
▶ 피에타/237

조토 디 본도네(1266?~1337) 이탈리아 화가로, 조형원리에 다시 생명을 불어넣으면서 새로운 표현기법을 창안한 피렌체 화파의 위대한 거장이었습니다. 그는 전통적인 비잔틴 양식에서 벗어나 자연주의를 부활시키고 혁신적인 르네상스 화풍의 양식을 수립하여 대담하고 독창적인 작품을 남겼습니다. 그는 회화 속에서 인간성과 종교성을 조화시켜 한층 높은 예술의 세계에 도달하여 서양 회화사의 결정적인 전환점을 이룩하고 르네상스의 도래를 준비한 진정 위대한 화가였습니다. 그의 작품은 파도바의 스크로베니 예배당의 벽화로 남아 있습니다.
▶ 이집트로의 피난/41 체포당하는 예수 그리스도/199

쥘 조제프 메이니에(1826~?) 프랑스 화가로, 파리에서 태어났습니다. 그러나 그의 활동 경력이나 사망 연도 등은 알려져 있지 않습니다.
▶ 폭풍을 잠재우는 예수 그리스도/119

콘라트 비츠(1400?~1445?) 독일의 화가로, 주로 스위스에서 활동했습니다. 풍경화의 경우, 그는 상상의 자연 풍광 대신에 실제로 눈에 익은 진경의 풍광으로 대체했을 만큼 혁신적이었습니다. 그리하여 원근법적인 회화 공간에 실제의 자연 풍광을 화면에 채워 한층 친밀감을 주는 독창적인 작품을 남겼습니다.
▶ 기적의 어획/261

파울로 베로네세(1528~1588) 이탈리아 화가로, 16세기 베네치아 화파를 이끈 대표적인 작가로서 티치아노와 틴토레토의 뒤를 이었습니다. 그는 가시적 세계만이 화가의 영역이라 주장하고 향연이나 만찬을 주제로 삼은 그의 작품에는 장려하고 감각적인 매력이 넘쳤습니다. 그의 그림에는 경건성이 다소 부족하였으나 호화롭고 장식성이 강하면서 자유를 노래하는 현세적인 즐거움이 넘쳐 대중의 사랑을 받았습니다.
▶ 가나의 혼인 잔치/90 예수와 우물가의 사마리아 여인/95 천사의 부축을 받는 예수 그리스도/195

페터 파울 루벤스(1577~1640) 플랑드르의 화가로, 서양 미술의 가장 위대한 화가 중의 한 사람으로 손꼽힙니다. 젊은 나이에 이탈리아에 유학하여 전성기 르네상스의 여러 걸작들을 연구하고 귀국하여 플랑드르 미술의 황금시대를 이끌었습니다. 그는 극적인 색의 사용과 넘치는 운동감 그리고 입체적인 양감으로 전형적인 바로크 표현 양식을 완성하였습니다. 그는 정확한 묘사력과 웅대한 구상 그리고 원색과 보색의 현란한 병치와 완숙한 표현력으로 감정의 고조된 세계와 극적이고 정렬적인 인간상을 함께 창출한 기념비적인 작품들을 남겼습니다.
▶ 시몬 집에서의 저녁 식사/115 십자가를 지고 가는 예수 그리스도/218 십자가를 세움/221 십자가 위의 예수 그리스도/228

프라 안젤리코(1400?~1455) 이탈리아 화가로, 도미니코 수도회 수도사이면서 직업적인 예술가였습니다. 그는 수도사답게 종교에 봉사함과 아울러 중세 미술의 전통을 한 걸음 더 발전시켰습니다. 맑고 순수한 색채와 간결한 묘선과 짜임새 있는 구도로 표현된 그의 특유의 우아함과 아름다움은 후대에 많은 영향을 주었습니다.
▶ 수태고지/16 산 위에서 복음을 전하는 예수 그리스도/111

피에로 델라 프란체스카(1416?~1492) 이탈리아 화가로, 피렌체 시절에 자신의 회화 양식을 창안하고 평생 독립적으로 활동하였습니다. 그의 예술적 상상력은 명석함과 열정에 차 있었으며, 전통에 구애받지 않고 대단히 자유롭고 근대적인 표현 기법을 구사하여 기품이 넘치는 작품을 남겼습니다. 그러나 그는 오랫동안 잊혀졌다가 20세기에 와서 그의 진가가 발견되었습니다.
▶ 예수 그리스도의 탄생/23 예수 그리스도의 세례/73

피테르 브뢰헬(1525?~1569) 플랑드르 화가로, 루벤스와 어깨를 나란히할 만큼 재능이 뛰어났으며, 일명 '농민의 브뢰헬'로 불렸습니다. 농촌생활을 주제로 삼아 자신이 살던 농촌 풍경의 사실적인 묘사와 활기차고 꾸밈없는 농부의 생활 모습을 자신의 완숙한 양식으로 인상 깊게 융합시켜 뛰어난 풍속화와 풍경화를 남겼습니다. 그는 신앙심 또한 깊어 풍속화에 못지 않은 완숙함으로 종교화를 제작하여 플랑드르 회화의 다양성을 보여주었습니다.
▶ 맹인이 맹인을 인도함/155

한스 멤링(1435?~1494) 플랑드르 화가로, 반 데르 베이덴 밑에서 그림을 익혔습니다. 그는 본디 독일 태생이나 플랑드르에서 활동했습니다. 그는 차분하고 절제된 양식으로 친밀감 있는 종교화를 제작하여 인기를 누렸으나 그의 작품은 고딕 미술의 최후를 장식하는데 그치고 있습니다.
▶ 동방 박사의 경배/37

히에로니무스 보스(1450?~1516) 네덜란드 화가로, 불가사의한 개성으로 충만한 가톨릭 신자였습니다. 그의 양식과 기법이 어디서 유래하는지 알지 못할 정도로 그는 전통에서 자유로웠습니다. 그의 작품은 인간의 어리석음과 인간의 죄를 폭로하는 주제를 즐겨 사용하여 표현의 새로움과 특이한 색채로 기괴하고 공상력이 넘치는 독특한 세계를 펼쳐 보였으며, 20세기 초현실주의 작가에게 많은 시사를 안겨 주었습니다.
▶ 십자가를 지고 가는 예수 그리스도/215

■ 도판 목록

1-1. 수태고지 시모네 마르니티, 1333년 ... 13
1-2. 수태고지 프라 안젤리코, 1430~32년 ... 16
2. 동정녀 마리아의 결혼식 산티 라파엘로, 1504년 ... 19
3. 예수 그리스도의 탄생 피에로 델라 프란체스카, 1450년 ... 23
4. 양치기들의 경배 조르주 드 라 투르, 1644년 ... 27
5-1. 아기 예수의 봉헌 암브로지오 로렌체티, 1342년 ... 31
5-2. 아기 예수의 봉헌 렘브란트 반 레인, 1631년 ... 34
6. 동방 박사의 경배 한스 멤링, 1470년 ... 37
7. 이집트로의 피난 조토 디 본도네, 1305~10년 ... 41
8-1. 동굴의 성모자 레오나르도 다 빈치, 1486년 ... 45
8-2. 검은방울새의 성모자 산티 라파엘로, 1506년 ... 48
9. 성가족 렘브란트 반 레인, 1645년 ... 51
10. 소년 예수와 율법학자들 알브레히트 뒤러, 1506년 ... 55
11. 성 요셉과 소년 예수 조르주 드 라 투르, 1640년 ... 59
12. 설교하는 세례자 요한 렘브란트 반 레인, 1635~36년 ... 65
13. 세례자 요한 레오나르도 다 빈치, 1513년 ... 69
14. 예수 그리스도의 세례 피에로 델라 프란체스카, 1450년 ... 73
15. 산 위에서의 유혹 두초 디 부오닌세냐, 1308~11년 ... 77
16-1. 예수 그리스도의 얼굴 레오나르도 다 빈치, 1495년 ... 81

16-2.	예수 그리스도 모자이크, 13세기경	83
17.	베드로와 안드레의 부르심 두초 디 부오닌세냐, 1308~11년	85
18.	가나의 혼인 잔치 파울로 베로네세, 1562~64년	90
19.	예수와 우물가의 사마리아 여인 파울로 베로네세, 연대 미상	95
20.	병자를 고치는 예수 그리스도 렘브란트 반 레인, 1648~50년	99
21.	마태의 부르심 미켈란젤로 메리시 다 카라바조, 1597~98년	103
22.	손 오그라든 병자를 고침 모자이크, 14세기경	107
23.	산 위에서 복음을 전하는 예수 그리스도 프라 안젤리코, 1438~47년경	111
24.	시몬 집에서의 저녁 식사 페터 파울 루벤스, 1618년	115
25.	폭풍을 잠재우는 예수 그리스도 쥘 조제프 메이니에, 1870년경	119
26.	세상을 보게 된 맹인 모자이크, 14세기경	123
27-1.	빵과 물고기의 기적 모자이크, 6세기경	127
28.	물 위를 걷는 예수 그리스도 자코포 틴토레토, 1560년	131
29.	예수 그리스도의 변모 산티 라파엘로, 1520년	135
30.	간음하다 잡혀 온 여인 렘브란트 반 레인, 1644년경	139
31.	선한 사마리아 사람 빈센트 반 고흐, 1890년	143
32.	선한 목자 소 루카스 크라나흐, 1584년경	147
33.	탕자의 돌아옴 렘브란트 반 레인, 1668년경	151
34.	맹인이 맹인을 인도함 피테르 브뢰헬, 1568년	155
35.	나사로의 다시 살아남 세바스티아노 델 피옴보, 1518~20년	159
36.	어린이를 축복하는 예수 그리스도 스테인드글래스, 19세기	163
37.	예수 그리스도의 예루살렘 입성 두초 디 부오닌세냐, 1308~11년	167
38.	성전을 정결하게 함 엘 그레코, 1595년	171
39.	바리새파 사람에게 시험받는 예수 그리스도 베셀리 티치아노, 1568년	175
40.	제자들의 발을 씻겨 주는 예수 그리스도 모자이크, 11세기경	179
41.	최후의 만찬 레오나르도 다 빈치, 1495~98년경	184

42.	최후의 만찬 디에리크 보우츠, 1464~67년	189
43.	천사의 부축을 받는 예수 그리스도 파울로 베로네세, 1572년	195
44.	체포당하는 예수 그리스도 조토 디 본도네, 1304~06년	199
45.	예수를 부인하는 베드로 렘브란트 반 레인, 1660년	203
46.	빌라도 앞에 선 예수 그리스도 자코포 틴토레토, 1566~67년	207
47.	가시 면류관을 쓰고 매질을 당하는 예수 그리스도 베셀리 티치아노, 1540~42년	211
48-1.	십자가를 지고 가는 예수 그리스도 히에로니무스 보스, 1514~16년	215
48-2.	십자가를 지고 가는 예수 그리스도 페터 파울 루벤스, 1634년	218
49.	십자가를 세움 페터 파울 루벤스, 1606~10년	221
50-1.	십자가에 못 박힌 예수 그리스도 (부분) 마티아스 그뤼네발트, 1512~16년경	225
50-2.	십자가 위의 예수 그리스도 페터 파울 루벤스, 1620년	228
51-1.	십자가에서 내려지는 예수 그리스도 로히드 반 데르 베이덴, 1435~40년	231
51-2.	십자가에서 내려지는 예수 그리스도 렘브란트 반 레인, 1632~33년	234
52-1	피에타 조반니 벨리니, 1460년	237
52-2	피에타 으제느 들라크루아, 1848년	240
53.	예수의 매장 베셀리 티치아노, 1525~30년	243
54.	예수 그리스도의 부활 마티아스 그뤼네발트, 1512~16년	249
55.	나를 붙잡지 마라 베셀리 티치아노, 1511년	253
56.	엠마오에서의 예수 그리스도 렘브란트 반 레인, 1648년	257
57.	기적의 어획 콘라트 비츠, 1444년	261
58.	예수 그리스도의 승천 렘브란트 반 레인, 1636년	265
59.	최후의 심판 부오나로티 미켈란젤로, 1536~41년	269

명화로 만나는 **예수님**

2011년 12월 20일 초판 발행

지은이 | 강 규 주

펴낸곳 | 사)기독교문서선교회
등록 | 제16-25호(1980. 1. 18)
주소 | 서울시 서초구 방배동 983-2
전화 | 02) 586-8761~3(본사) 031) 923-8762~3(영업부)
팩스 | 02) 523-0131(본사) 031) 923-8761(영업부)
홈페이지 | www.clcbook.com
이메일 | clckor@gmail.com
온라인 | 국민은행 043-01-0379-646, 기업은행 073-000308-04-020
　　　　예금주: 사)기독교문서선교회

ISBN 978-89-341-1170-2 (03230)

* 낙장·파본은 교환해 드립니다.